杭州孔庙碑林藏南宋御书石刻精选

金霄航　主编

浙江古籍出版社

编委会

主　编

金霄航

副主编

王　伟　胡建良

编　委

王　伟　胡建良　胡彦羽　马　敏

金霄航　冯　立　郑道骏　乜小涵

张翔宇　许　力　孔　蓓

前言

杭州孔庙碑林，第八批全国重点文物保护单位，位于浙江省杭州市上城区府学巷8号，原是宋至清杭州官学所在地，现由杭州孔庙、杭州碑林两部分组成。

唐贞观年间（627—649），各地奉诏在官学设立孔庙，“庙学合一”遂成规制。杭州孔庙，始建年代无记载。北宋时称“宣圣庙”“至圣文宣王庙”，原在今凤凰山山麓一带。南宋建炎三年（1129），宋室南迁杭州为行在所，更名临安，杭州官学随之名为“临安府学”，位列地方官学之首。南宋绍兴元年（1131），孔庙随官学迁至运司河下凌家桥侧（即今址），以慧安寺故基重建，自此历经八百余年，未有易位。绍兴十二年（1142）至十三年（1143），守臣王晪奉诏筹建太学，在临安府学内“措置增广”，此时府学兼具太学的基本功能，成为南宋最高学府。元明清承袭旧制，历经更迭，又称儒学、庙学，因省治地位，其办学规模及影响力冠于东南各地。清末民国改制，废科举，旧式官学不存，仅存孔庙以祀先儒，时称旧府学、杭州孔庙。

新中国成立后，杭州孔庙一度成为文物部门存放碑石的场所。20世纪70年代末开始，浙江省、杭州市对杭州孔庙进行全面整修，并利用孔庙内收藏的大批古碑和历年收集的各地佚散石刻改建为杭州碑林，于1989年对外开放。21世纪初，杭州市进一步启动杭州孔庙复原工程，并于2008年9月28日（孔子诞辰日）正式对外开放。

复建后的杭州孔庙碑林分为东、西两个相对独立的区域，既体现了传统学宫建筑的部分格局，在西路上恢复了以大成殿为核心的孔庙建筑群，又展现了江南园林的古典之美，在东路营建碑林，以水庭为中心，环以文昌阁、星象馆、石经阁多组建筑，间以回廊串联，缀以假山、花草、树木、流水，在建筑、回廊处陈列展示自唐至民国期间各类石刻近500石，是目前浙江省内集中展示石刻最多的场所。

杭州孔庙同设于官学学宫，因宋至清官学的历史地位，受到历代帝王的高度重视。他们常常亲洒翰墨，加以颁赐，学官奉请刻于碑石，广泽儒林。如今碑林中珍藏的御书石刻几乎都是据历代御书墨迹摹刻而成的原石，为全国罕见，其中又以南宋为最：《南宋太学石经》为历代唯一一部由皇帝御书而成的石经，《孔子及七十二弟子像赞》石刻为现存最早的御制御书像赞石刻，《宋理宗御书〈圣贤赞〉》石刻为现存最早的理学御制御书圣贤赞石刻，《大成之殿》石刻为现存最早、字径最大的“大成”御制榜书石刻。这些石刻不仅体现了封建时代的教化内容和思想，也展示了最高统治者的个人修养和艺术审美，具有极为丰富的文物价值。

近年来，杭州大力推进“宋韵文化传世工程”，要“让千年宋韵在新时代‘流动’起来、‘传承’下去”。2023年7月，国家文物局公布《第一批古代名碑名刻文物名录》，收录了《南宋太学石经》《孔子及七十二弟子像赞》石刻。为研究和传承“宋韵文化”，切实做好碑刻文物的价值挖掘工作，本书以“南宋御书石刻”为主题，择取《南宋太学石经》《孔子及七十二弟子像赞》《大成之殿》《宋理宗御书〈圣贤赞〉》《宋高宗御书〈千字文〉》5组石刻进行整理、研究。其体例由文字介绍、石刻图版与研究论文三部分构成，力图兼顾普及性与研究性。文字介绍部分，在已有材料的基础上，结合最新研究成果进行整理和说明。石刻图版部分，以1∶1高清还原书迹面貌。研究论文部分，以艺术解读为主，分析其背后的历史与文化内涵，以期为解读杭州孔庙碑林的“宋韵文化”内涵提供新的视角。

目录

儒家学说在历史中的发展与应用，可谓独树一帜。自春秋孔子校注典籍、开坛讲学以来，到汉武帝“独尊儒术”，再到隋唐开创科举，儒家学说一直被历代帝王作为“治国利民”的思想大器加以使用。到宋代新儒学的建立，标志着儒家学说的体系臻于完备。这其中儒学经典的编撰、传播与研习，是儒家学说得以传承、发展不可或缺的条件之一。

儒学经典的载体，历代是以书籍作为主要形式的。但在雕版印刷之前，多为传写，谬误甚多，治学者常以善本镌刻入石，以作校正。自东汉灵帝熹平四年（175）镌刻“七经”开始，凡是儒学昌盛之时，均有官方校勘经典、镌刻入石的记录。据现有记载，自东汉以来，曹魏、北魏、唐、后蜀、北宋、南宋、明、清各朝均刻有儒学石经，其中仅唐、南宋和清代石经原刻保存相对较好，其余多已残毁殆尽。

南宋太学石经，因原刻立于南宋太学而得名，又称《宋高宗御书石经》《绍兴石经》《光尧石经》等。碑石材质细腻，色泽偏白，呈长方形，因所刻内容尺寸不一，一般高在160厘米左右，宽在98厘米至122厘米之间，厚在25厘米左右，其中《中庸》尺寸最大，高197厘米，宽111厘米，厚29厘米。

石经为宋高宗赵构亲笔所书，部分为皇后吴氏代笔。所刻经书写成于绍兴初期，始刻于宋高宗绍兴十三年（1143）。宋孝宗淳熙四年（1177），诏建太学“光尧御书石经之阁”专奉石经，并补刻《礼记》五篇。据《咸淳临安志》记载，石经内容为《周易》《尚书》《毛诗》《左氏春秋》《论语》《孟子》全帙，节录《礼记》五篇：《中庸》《大学》《学记》《儒行》《经解》，推算全本共有34.3万字之多。据此推算，原刻约有131石，缺失46石，现存85石，其中保存较为完整的有27石，经过拼补的有58石，字迹清楚的有30石，字迹严重破损、漫灭的有30余石，其余皆有剥蚀漫漶。

南宋灭亡后，江南释教都总统杨琏真伽在南宋大内建造镇南塔，企图将石经搬去垫为塔基，以镇压南宋王气。杭州府推官申屠致远据理力争，才幸免全毁，然而已散失大半。后南宋太学被改为西湖书院，“光尧石经之阁”遭废弃，石经因多次变乱和迁徙，又损失一部分。明朝洪武年间，南宋石经被移回西湖书院，但仍未受到重视。明初，西湖书院改为仁和县学，后仁和县学搬迁，石经再遭流散之灾，“岁深零落，卧草莽间，龟趺螭首，十缺其半”。明宣德元年（1426），巡按浙江监察御史吴讷嘱杭州知府卢玉润收集修补南宋石经，后其搜得南宋石经碑石百余片，放置在仁和县学旁孔庙大成殿后及两庑。吴讷又作《石经歌》刻碑以示后人。明正德十三年（1518），巡按浙江监察御史宋廷佐将石经移至杭州府学，同时搬迁的还有宋高宗题李公麟画孔子及其七十二弟子像刻石。崇祯末，始将石经嵌于壁间。其后，南宋石经历清、民国至今，数量几无变动。

南宋石经，镌刻于南宋初期，与其他各朝石经不同之处，一是书写者为宋高宗赵构及其皇后吴氏，通篇楷体御书而成，间有行草，有别于汉隶唐楷的书法范式，具有极高的书法艺术价值；二是组织镌刻者为南宋佞臣秦桧，所刻石经初置于以岳飞故宅为基础修建的太学之中，石经末刻有秦桧题跋，具有丰富的历史研究价值；三是其所选典籍为当时科举应试的标准读本，具有重要的版本研究价值。其所存石刻，在全国重点文物保护单位及全国第一批名碑名刻的双重保护身份加持下，结束了千百年来颠沛流离的迁藏历程，正静静地立于杭州孔庙碑林的石经阁中，引发来者深思。

南宋太学石经 · 周易

《周易》又称《易》，为传统儒经之一，被尊为“群经之首，诸子百家之源”，是中国历史上最为古老的文化典籍之一，对中国几千年来的政治、经济、文化等各个领域都产生了极其深刻的影响。

《周易》由《经》和《传》组成，《汉书 · 艺文志》载曰：“《易》道深矣，人更三圣，世历三古”，其成型的过程相传如下：上古时，伏羲氏“仰则观象于天，俯则观法于地，观鸟兽之文与地之宜，近取诸身，远取诸物，于是始作八卦，以通神明之德，以类万物之情”；中古时，周文王重《易》六爻，演绎为六十四卦，遂成《易经》，作为卜筮之书，分为上、下两经，上经三十卦，下经三十四卦，卦和爻各有释辞；近古时，孔子及弟子用儒家观点注解《易经》，集为十篇，而成《易传》（又称《十翼》）。《经》《传》合一，终成《周易》。

《易传》的作者和形成时间多有争议，其内容以阴阳学说为核心，形象阐述了五常之道（仁、义、礼、智、信）的本原，归纳了天地人三道及运行秩序的依据，一直被儒家奉为圣典。早在东汉灵帝时，《易传》已被刻入熹平石经，后历代石经均有刻录。

《周易》石刻原有 4 石或 5 石，现存 2 石，尺寸大体一致，碑高 155—155.5 厘米，宽 122—124 厘米，厚 24.5—25 厘米。每石纵 4 列，每列 42 行，每行 17 至 18 字不等，字径约 1 厘米，楷体。2 石经文上部分别刻有“易一”“易二”。“易一”每列右旁刻有小字“日”，“易二”每列右旁刻小字“月”。“日”“月”字下标刻该列的序数字。

易一

有悔盈不可久也用九天德不可為首也文言
曰元者善之長也亨者嘉之會也利者義之和
也貞者事之幹也君子體仁足以長人嘉會足以
合禮利物足以和義貞固足以幹事君子行
此四德者故曰乾元亨利貞初九曰潛龍勿用
何謂也子曰龍德而隱者也不易乎世不成乎
名遯世无悶不見是而无悶樂則行之憂則違
之確乎其不可拔潛龍也九二曰見龍在田利
見大人何謂也子曰龍德而正中者也庸言之
信庸行之謹閑邪存其誠善世而不伐德博而
化易曰見龍在田利見大人君德也九三曰君子

☰

乾元亨利貞初九潛龍勿用九二見龍在田利
見大人九三君子終日乾乾夕惕若厲无咎九
四或躍在淵无咎九五飛龍在天利見大人上
九亢龍有悔用九見羣龍无首吉彖曰大哉乾
元萬物資始乃統天雲行雨施品物流形大明
終始六位時成時乘六龍以御天乾道變化各
正性命保合大和乃利貞首出庶物萬國咸寧
象曰天行健君子以自彊不息潛龍勿用陽在
下也見龍在田德施普也終日乾乾反復道也

賢人在下位而无輔是以動而有悔也潛龍
勿用下也見龍在田時舍也終日乾乾行事也
或躍在淵自試也飛龍在天上治也亢龍有
悔窮之災也乾元用九天下治也潛龍勿用陽
氣潛藏見龍在田天下文明終日乾乾與時偕
行或躍在淵乾道乃革飛龍在天乃位乎天德
亢龍有悔與時偕極乾元用九乃見天則乾
者始而亨者也利貞者性情也乾始能以美利
利天下不言所利大矣哉大哉乾乎剛健中正
純粹精也六爻發揮旁通情也時乘六龍以御
天也雲行雨施天下平也君子以成德為行日可

終日乾乾夕惕若厲无咎何謂也子曰君子進德
脩業忠信所以進德也脩辭立其誠所以居業也
知至至之可與幾也知終終之可與存義也是故
居上位而不驕在下位而不憂故乾乾因其時而
惕雖危无咎矣九四曰或躍在淵无咎何謂也子
曰上下无常非為邪也進退无恒非離羣也君子
進德脩業欲及時也故无咎九五曰飛龍在天利
見大人何謂也子曰同聲相應同氣相求水流溼
火就燥雲從龍風從虎聖人作而萬物覩本
乎天者親上本乎地者親下則各從其類也
上九曰亢龍有悔何謂也子曰貴而无位高而无

释文

周易上经／乾下乾上／乾元亨利贞初九潜龙勿用九二见龙在田利／见大人九三君子终日乾乾夕惕若厉无咎九／四或跃在渊无咎九五飞龙
在天利见大人上／九亢龙有悔用九见群龙无首吉彖曰大哉乾／元万物资始乃统天云行雨施品物流形大明／终始六位时成时乘六龙以御天乾
道变化各／正性命保合太和乃利贞首出庶物万国咸宁／象曰天行健君子以自强不息潜龙勿用阳在／下也见龙在田德施普也终日乾乾反复道
也／或跃在渊进无咎也飞龙在天大人造也亢龙／有悔盈不可久也用九天德不可为首也文言／曰元者善之长也亨者嘉之会也利者义之和／也
贞者事之干也君子体仁足以长人嘉会足／以合礼利物足以和义贞固足以干事君子行／此四德者故曰乾元亨利贞初九曰潜龙勿用／何谓也子
曰龙德而隐者也不易乎世不成乎／名遯世无闷不见是而无闷乐则行之忧则违／之确乎其不可拔潜龙也九二曰见龙在田利／见大人何谓也子
曰龙德而正中者也庸言之／信庸行之谨闲邪存其诚善世而不伐德博而／化易曰见龙在田利见大人君德也九三曰君子／终日乾乾夕惕若厉无
咎何谓也子曰君子进德／脩业忠信所以进德也脩辞立其诚所以居业也／知至至之可与几也知终终之可与存义也是故／居上位而不骄在下
位而不忧故乾乾因其时而／惕虽危无咎矣九四曰或跃在渊无咎何谓也子／曰上下无常非为邪也进退无恒非离群也君子／进德脩业欲及时也
故无咎九五曰飞龙在天利／见大人何谓也子曰同声相应同气相求水流／湿火就燥云从龙风从虎圣人作而万物睹本／乎天者亲上本乎地者亲
下则各从其类也上／九曰亢龙有悔何谓也子曰贵而无位高而无／民贤人在下位而无辅是以动而有悔也潜龙／勿用下也见龙在田时舍也终日
乾乾行事也／或跃在渊自试也飞龙在天上治也亢龙有／悔穷之灾也乾元用九天下治也潜龙勿用阳／气潜藏见龙在田天下文明终日乾乾与时
偕／行或跃在渊乾道乃革飞龙在天乃位乎天德／亢龙有悔与时偕极乾元用九乃见天则乾元／者始而亨者也利贞者性情也乾始能以美利／利
天下不言所利大矣哉大哉乾乎刚健中正／纯粹精也六爻发挥旁通情也时乘六龙以御／天也云行雨施天下平也君子以成德为行日可／见之行
也潜之为言也隐而未见行而未成是以／君子弗用也君子学以聚之问以辩之宽以居／之仁以行之易曰见龙在田利见大人君德也九／三重刚而
不中上不在天下不在田故乾乾因／其时而惕虽危无咎矣九四重刚而不中上不／在天下不在田中不在人故或之或之者疑之／也故无咎夫大人
者与天地合其德与日月合／其明与四时合其序与鬼神合其吉凶先天而／天弗违后天而奉天时天且弗违而况于人乎／况于鬼神乎亢之为言也
知进而不知退知存／而不知亡知得而不知丧其唯圣人乎知进退／存亡而不失其正者其维圣人乎

見之行也潛之為言也隱而未見行而未成是以
君子弗用也君子學以聚之問以辯之寬以居
之仁以行之易曰見龍在田利見大人君德也九
三重剛而不中上不在天下不在田故乾乾因
其時而惕雖危无咎矣九四重剛而不中上不
在天下不在田中不在人故或之或之者疑之
也故无咎夫大人者與天地合其德與日月合
其明與四時合其序與鬼神合其吉凶先天而
天弗違後天而奉天時天且弗違而況於人乎
況於鬼神乎亢之為言也知進而不知退知存
而不知亡知得而不知喪其唯聖人乎知進退

光也不習无不利地道光也六三含章可貞或
從王事无成有終象曰含章可貞以時發也或
從王事知光大也六四括囊无咎无譽象曰括
囊无咎愼不害也六五黃裳元吉象曰黃裳元
吉文在中也上六龍戰于野其血玄黃象曰龍
戰于野其道窮也用六利永貞象曰用六永
貞以大終也文言曰坤至柔而動也剛至靜而德
方後得主而有常含萬物而化光坤道其順乎
承天而時行積善之家必有餘慶積不善之家
必有餘殃臣弒其君子弒其父非一朝一夕之
故其所由來者漸矣由辯之不早辯也易曰履

䷁

坤元亨利牝馬之貞君子有攸往先迷後得主
利西南得朋東北喪朋安貞吉彖曰至哉坤元
萬物資生乃順承天坤厚載物德合无疆含弘
光大品物咸亨牝馬地類行地无疆柔順利貞
君子攸行先迷失道後順得常西南得朋乃與
類行東北喪朋乃終有慶安貞之吉應地无疆
象曰地勢坤君子以厚德載物初六履霜堅冰
至象曰履霜堅冰陰始凝也馴致其道至堅冰
也六二直方大不習无不利象曰六二之動直以

释文

坤下坤上／坤元亨利牝马之贞君子有攸往先迷后得主／利西南得
朋东北丧朋安贞吉象曰至哉坤元／万物资生乃顺承天坤厚载物德合
无疆含弘／光大品物咸亨牝马地类行地无疆柔顺利贞／君子攸行先
迷失道后顺得常西南得朋乃与／类行东北丧朋乃终有庆安贞之吉应
地无疆／象曰地势坤君子以厚德载物初六履霜坚冰／至象曰履霜
坚冰阴始凝也驯致其道至坚冰／也六二直方大不习无不利象曰六二
之动直以／方也不习无不利地道光也六三含章可贞或／从王事无
成有终象曰含章可贞以时发也或／从王事知光大也六四括囊无咎无
誉象曰括／囊无咎慎不害也六五黄裳元吉象曰黄裳元／吉文在中
也上六龙战于野其血玄黄象曰龙／战于野其道穷也用六利永贞象曰
用六永贞／以大终也文言曰坤至柔而动也刚至静而德／方后得主
而有常含万物而化光坤道其顺乎／承天而时行积善之家必有馀庆积
不善之家／必有馀殃臣弑其君子弑其父非一朝一夕之／故其所由
来者渐矣由辩之不早辩也易曰履／霜坚冰至盖言顺也直其正也方其
义也君子／敬以直内义以方外敬义立而德不孤直方大／不习无不
利则不疑其所行也阴虽有美含之／以从王事弗敢成也地道也妻道也
臣道也地／道无成而代有终也天地变化草木蕃天地闭／贤人隐易
曰括囊无咎无誉盖言谨也君子黄／中通理正位居体美在其中而畅于
四支发于／事业美之至也阴疑于阳必战为其嫌于无阳／也故称龙
焉犹未离其类也故称血焉夫玄黄／者天地之杂也天玄而地黄

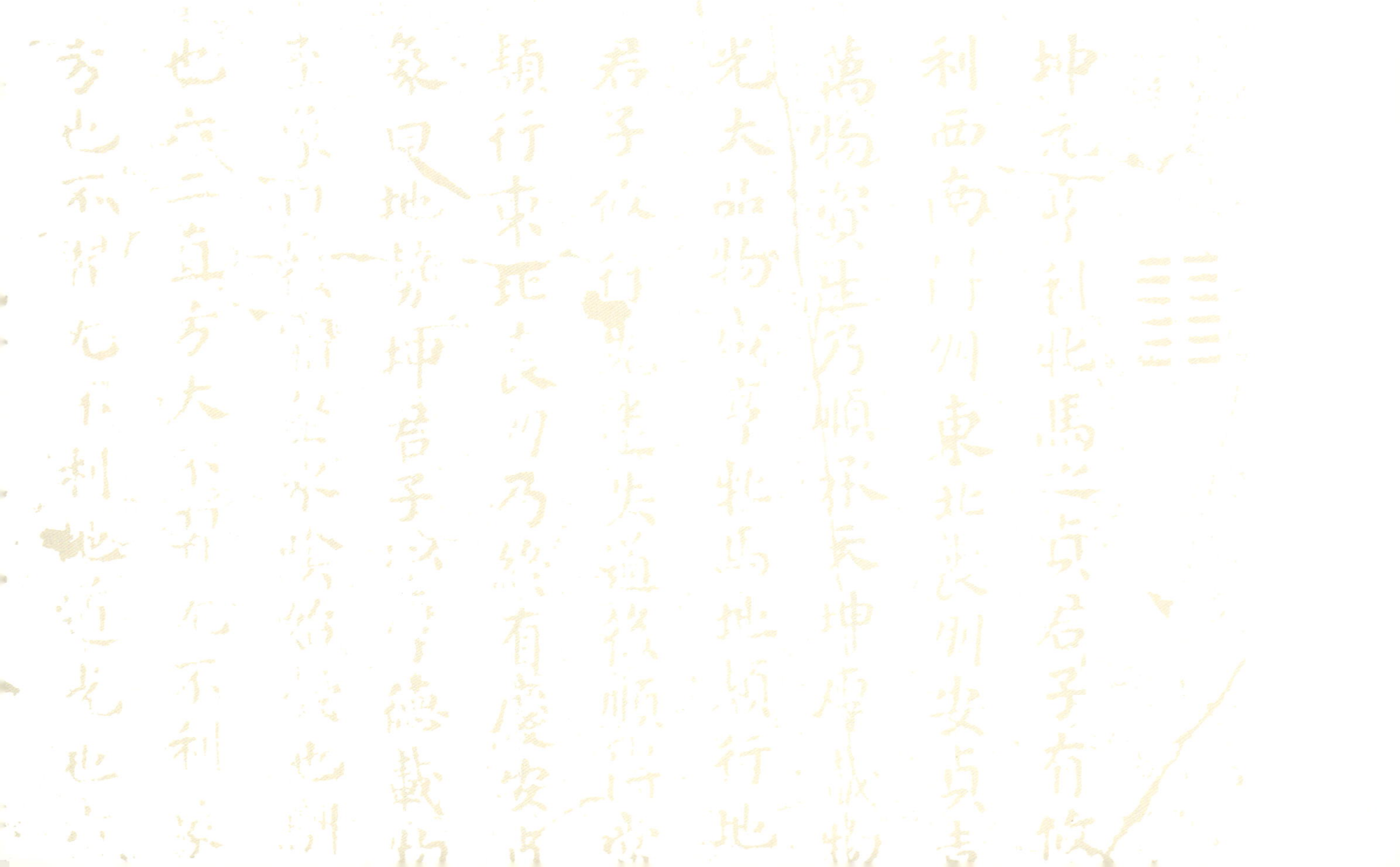

故其所由来者漸矣由辯之不早辯也易曰履
霜堅冰至蓋言順也直其正也方其義也君子
敬以直内義以方外敬義立而德不孤直方大
不習无不利則不疑其所行也陰雖有美含之
從王事弗敢成也地道也妻道也臣道也地
道无成而代有終也天地變化草木蕃天地閉
賢人隱易曰括囊无咎无譽蓋言謹也君子黄
中通理正位居體美在其中而暢於四支發於
事業美之至也陰疑於陽必戰為其嫌於无陽
也故稱龍焉猶未離其類也故稱血焉夫玄黄

释文

震下乾上一无妄元亨利贞其匪正有眚不利有攸往彖曰一无妄刚自外来而为主于内动而健刚中而应一大亨以正天之命也其匪正有眚不利有攸往一无妄之往何之矣天命不祐行矣哉象曰天下一雷行物与无妄先王以茂对时育万物初九无一妄往吉象曰无妄之往得志也六二不耕获不一灾畲则利有攸往象曰不耕获未富也六三无一妄之灾或系之牛行人之得邑人之灾象曰行一人得牛邑人灾也九四可贞无咎象曰可贞无一咎固有之也九五无妄之疾勿药有喜象曰无一妄之药不可试也上九无妄行有眚无攸利象一曰无妄之行穷之灾也

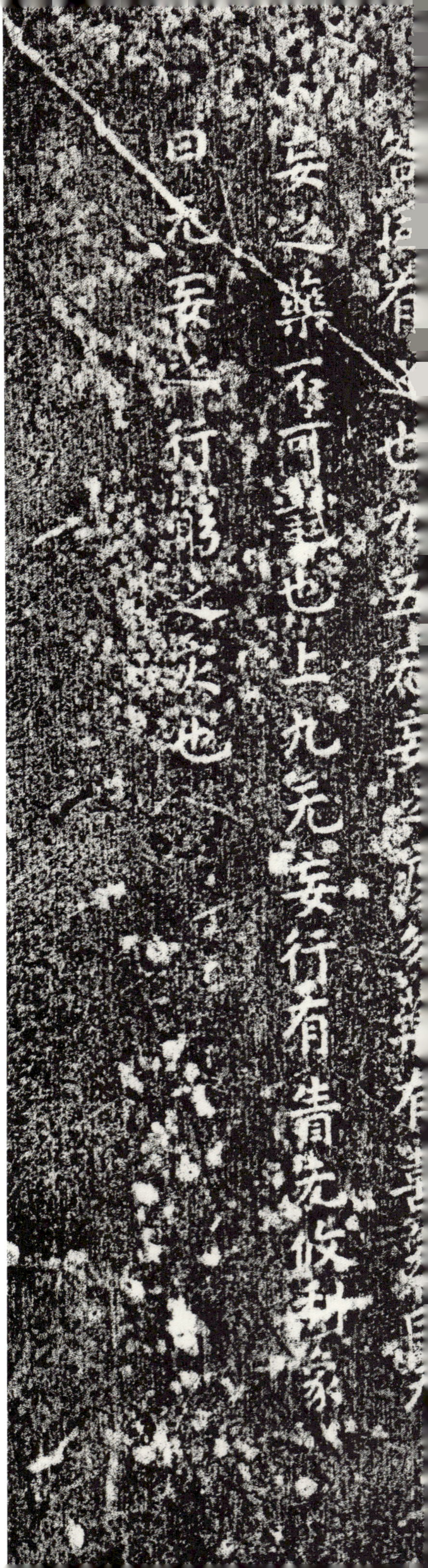

䷘

无妄元亨利貞其匪正有眚不利有攸往彖曰无妄剛自外來而為主於內動而健剛中而應大亨以正天之命也其匪正有眚不利有攸往无妄之往何之矣天命不祐行矣哉象曰天下雷行物與无妄先王以茂對時育萬物初九无妄往吉象曰无妄之往得志也六二不耕穫不菑畬則利有攸往象曰不耕穫未富也六三无妄之災或繫之牛行人之得邑人之災象曰行人得牛邑人災也九四可貞无咎象曰可貞无

释文

乾下艮上一大畜利贞不家食吉利涉大川彖曰大畜刚
健一笃实辉光日新其德刚上而尚贤能止健大正一也
不家食吉养贤也利涉大川应乎天也象曰一天在山中
大畜君子以多识前言往行以畜其一德初九有厉利已
象曰有厉利已不犯灾也九㇀二舆说輹象曰舆说輹中
无尤也九三良马逐一利艰贞曰闲舆卫利有攸往象曰
利有攸往上一合志也六四童牛之牿元吉象曰六四元
吉有一喜也六五豮豕之牙吉象曰六五之吉有庆也一
上九何天之衢亨象曰何天之衢道大行也

䷙

大畜利貞不家食吉利涉大川彖曰大畜剛健篤實輝光日新其德剛上而尚賢能止健大正也不家食吉養賢也利涉大川應乎天也象曰天在山中大畜君子以多識前言往行以畜其德初九有厲利已象曰有厲利已不犯災也九二輿說輹象曰輿說輹中无尤也九三良馬逐利艱貞曰閑輿衛利有攸往象曰利有攸往上合志也六四童牛之牿元吉象曰六四元吉有喜也六五豶豕之牙吉象曰六五之吉有慶也

释文

震下艮上/颐贞吉观颐自求口实象曰颐贞吉养正则吉/也
观颐观其所养也自求口实观其自养也/天地养万物圣人养
贤以及万民颐之时大/矣哉象曰山下有雷颐君子以慎言语
节饮/食初九舍尔灵龟观我朵颐凶象曰观我朵/颐亦不
足贵也六二颠颐拂经于丘颐征凶/象曰六二征凶行失类也
六三拂颐贞凶十年/勿用无攸利象曰十年勿用道大悖也
六四颠/颐吉虎视眈眈其欲逐逐无咎象曰颠颐之吉/上施
光也六五拂经居贞吉不可涉大川象曰/居贞之吉顺以从上
也上九由颐厉吉利涉大/川象曰由颐厉吉大有庆也

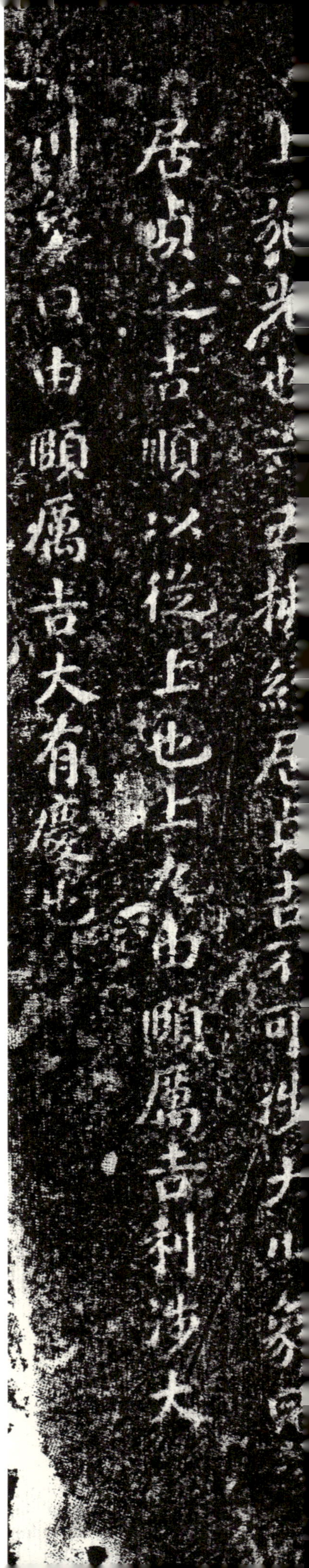

䷚
頤貞吉觀頤自求口實彖曰頤貞吉養正則吉
也觀頤觀其所養也自求口實觀其自養也
天地養萬物聖人養賢以及萬民頤之時大
矣哉象曰山下有雷頤君子以慎言語節飲
食初九舍爾靈龜觀我朵頤凶象曰觀我朵
頤亦不足貴也六二顛頤拂經于丘頤征凶
象曰六二征凶行失類也六三拂頤貞凶十年
勿用无攸利象曰十年勿用道大悖也六四
顛頤吉虎視眈眈其欲逐逐无咎象曰顛頤之吉

南宋太学石经·尚书

《尚书》又称《书》《书经》，为传统儒经之一，是我国最早的上古历史文献汇编，相传由孔子或其弟子、后学编选成书。

《尚书》共五十八篇，主要记录了上古各时期的部分历史，分为《虞书》《夏书》《商书》《周书》，内容涉及政治、宗教、思想、哲学、艺术、法令、天文、地理、军事等多个领域。文体分为“典”“谟”“训”“诰”“誓”“命”六种，风格诘屈聱牙，是古代政治典籍和史籍的滥觞。同时，《尚书》中包含着丰富的哲学思想，其中“五行”“大一统”以及以人为核心的“天人关系”等观念，是先秦诸子及后世思想的源头和根基。

《尚书》早在东汉灵帝时已被刻入熹平石经，后历代石经均有刻录。

《尚书》石刻原有10石，现存7石，第一、三、九石佚失。尺寸大体一致，高155—157.5厘米，宽96—98厘米，厚24—25厘米。每石纵4列，每列42行，每行17字，字径约1厘米，楷体。经文上部刻数字编号，每列右旁标刻该列的序数字，第十石后原刻有秦桧题记，现碑面磨损、风化严重，文字无法辨识。

之民罔不祗畏嗚呼無墜天之降寶命我
先王亦永有依歸今我即命于元龜爾之許
我我其以璧與珪歸俟爾命爾不許我我乃
屏璧與珪乃卜三龜一習吉啟籥見書乃并
是吉公曰體王其罔害予小子新命于三王
惟永終是圖茲攸俟能念予一人公歸乃納
冊于金縢之匱中王翼日乃瘳武王既喪管
叔及其羣弟乃流言於國曰公將不利於孺
子周公乃告二公曰我之弗辟我無以告我
先王周公居東二年則罪人斯得于後公乃
為詩以貽王名之曰鴟鴞王亦未敢誚公

金縢

武王有疾周公作金縢金縢既克商二年王
有疾弗豫二公曰我其為王穆卜周公曰未
可以戚我先王公乃自以為功為三壇同墠
為壇於南方北面周公立焉植璧秉珪乃告
大王王季文王史乃冊祝曰惟爾元孫某遘
厲虐疾若爾三王是有丕子之責于天以旦
代某之身予仁若考能多材多藝能事鬼神
乃元孫不若旦多材多藝不能事鬼神乃命
于帝庭敷佑四方用能定爾子孫于下地四

释文

金縢／武王有疾周公作金縢金縢既克商二年王／有疾弗豫二公曰我其为王穆
卜周公曰未／可以戚我先王公乃自以为功为三坛同婵／为坛于南方北面周公
立焉植璧秉珪乃告／大王王季文王史乃册祝曰惟尔元孙某遘／厉虐疾若尔三
王是有丕子之责于天以旦／代某之身予仁若考能多材多艺能事鬼神／乃元孙
不若旦多材多艺不能事鬼神乃命／于帝庭敷佑四方用能定尔子孙于下地四／
方之民罔不祗畏呜呼无坠天之降宝命我／先王亦永有依归今我即命于元龟尔之
许／我我其以璧与珪归俟尔命尔不许我我乃／屏璧与珪乃卜三龟一习吉启籥
见书乃并／是吉公曰体王其罔害予小子新命于三王／惟永终是图兹攸俟能念
予一人公归乃纳／册于金縢之匮中王翼日乃瘳武王既丧管／叔及其群弟乃流
言于国曰公将不利于孺／子周公乃告二公曰我之弗辟我无以告我／先王周公
居东二年则罪人斯得于后公乃／为诗以贻王名之曰鸱鸮王亦未敢诮公秋／大
熟未获天大雷电以风禾尽偃大木斯拔／邦人大恐王与大夫尽弁以启金縢之书
乃／得周公所自以为功代武王之说二公及王／乃问诸史与百执事对曰信噫公
命我勿敢／言王执书以泣曰其勿穆卜昔公勤劳王家／惟予冲人弗及知今天动
威以彰周公之德／惟朕小子其新逆我国家礼亦宜之王出郊／天乃雨反风禾则
尽起二公命邦人凡大木／所偃尽起而筑之岁则大熟

為詩以貽王名之曰鴟鴞王亦未敢誚公秋
大熟未穫天大雷電以風禾盡偃大木斯拔
邦人大恐王與大夫盡弁以啓金縢之書乃
得周公所自以為功代武王之說二公及王
乃問諸史與百執事對曰信噫公命我勿敢
言王執書以泣曰其勿穆卜昔公勤勞王家
惟予沖人弗及知今天動威以彰周公之德
惟朕小子其新逆我國家禮亦宜之王出郊
天乃雨反風禾則盡起二公命邦人凡大木
所偃盡起而築之歲則大熟

南宋太学石经·毛诗

《诗经》又称《诗》《诗三百》，为传统儒经之一，相传初由西周尹吉甫采集、编纂而成，春秋时孔子删诗三千为三百成书，成为儒学经典。《诗经》是我国第一部诗歌总集，共收入自西周初年至春秋中叶大约五百多年的诗歌三百零五篇，共分风、雅、颂三大类。作为中国文学重要起点，《诗经》开创了我国古代诗歌创作的现实主义优秀传统，它的思想性和艺术成就在中国文学、文化史上有着极高的地位，对于后代文学的影响深远。

汉时有齐、鲁、韩、毛四家对其注解，为别称为《齐诗》《鲁诗》《韩诗》《毛诗》。后仅《毛诗》兴盛，独传于世。《毛诗》又称《诗毛氏传》，为西汉初鲁国毛亨和赵国毛苌所辑和注的古文《诗经》，每一篇下都有小序，以介绍本篇内容、意旨等。而全书第一篇《关雎》，除有小序外，另有一篇总序，称为《诗大序》，是古代诗论的第一篇专著。

早在东汉灵帝时，《诗经》已被刻入熹平石经（所刻为《鲁诗》），后历代石经均有刻录。

《毛诗》石刻原有13石，现存10石，第二、八、十一石佚失。尺寸大体一致，高155.5—167厘米，宽84—103厘米，厚20.5—25.5厘米。每石纵4列，每列45行，每行18字，字径约1厘米，楷体。经文上部刻数字编号，每列右旁刻小字“诗”，“诗”字下标刻该列的序数字。第十三石经文后刻有秦桧跋文，文字清晰可辨，是现存太学石经中唯一全文可辨的秦桧书迹。

悠悠我思縱我不往子寧不來挑兮達兮在城
闕兮一日不見如三月兮
揚之水閔無臣也君子閔忽之無忠臣良士終
以死亡焉 揚之水不流束楚終鮮兄弟
維予與女無信人之言人實迋女 揚之水不
流束薪終鮮兄弟維予二人無信人之言人實
不信
出其東門閔亂也公子五爭兵革不息男女相
棄民人思保其室家焉 出其東門有女如雲
雖則如雲匪我思存縞衣綦巾聊樂我員 出其
闉闍有女如荼雖則如荼匪我思且縞衣茹藘聊
可與娛
野有蔓草思遇時也君之澤不下流民窮於兵
革男女失時思不期而會焉 野有蔓草零露漙
兮有美一人清揚婉兮邂逅相遇適我願兮 野
有蔓草零露瀼瀼有美一人婉如清揚邂逅相
遇與子偕臧

上以風化下下以風刺上主文而譎諫言之者
無罪聞之者足以戒故曰風至于王道衰禮義
廢政教失國異政家殊俗而變風變雅作矣國
史明乎得失之迹傷人倫之廢哀刑政之苛吟
詠情性以風其上達於事變而懷其舊俗者也
故變風發乎情止乎禮義發乎情民之性也止
乎禮義先王之澤也是以一國之事繫一人之
本謂之風言天下之事形四方之風謂之雅雅
者正也言王政之所由廢興也政有小大故有
小雅焉有大雅焉頌者美盛德之形容以其成

周南

關雎后妃之德也風之始也所以風天下而正夫婦也故用之鄉人焉用之邦國焉風風也教也風以動之教以化之詩者志之所之也在心為志發言為詩情動於中而形於言言之不足故嗟歎之嗟歎之不足故永歌之永歌之不足不知手之舞之足之蹈之也情發於聲聲成文謂之音治世之音安以樂其政和亂世之音怨以怒其政乖亡國之音哀以思其民困故正得失動天地感鬼神莫近於詩先王以是經夫婦

释文

周南／关雎后妃之德也风之始也所以风天下而正／夫妇也故用之[乡]人焉用之邦国焉风风也教／也风以动之教以化之诗者志之所之也在心／为志发言为诗情动于中而形于言言之不足／故嗟叹之嗟叹之不足故永歌之永歌之不足／不知手之舞之足之蹈之也情发于声声成文／谓之音治世之音安以乐其政和乱世之音怨／以怒其政乖亡国之音哀以思其民困故正得／失动天地感鬼神莫近于诗先王以是经夫妇／成孝敬厚人伦美教化移风俗故诗有六义焉／一曰风二曰赋三曰比四曰兴五曰雅六曰颂／上以风化下下以风刺上主文而谲谏言之者／无罪闻之者足以戒故曰风至于王道衰礼义／废政教失国[异]政家殊俗而[变]风变雅作矣国／史明乎得失之迹伤人伦之[废]哀刑政之苛吟／咏情性以风其上[达]于事变而怀其旧俗者也／故变风发乎情止乎礼义发乎情民之性也止／乎礼义先王之泽也是以一国之事系一人之／本谓之风言天下之事形四方之风谓之雅雅／者正也言王政之所由废兴也政有大小故有／小雅焉有大雅焉颂者美盛德之形容以其成／功先于神明者也是谓四始诗之至也然则关／雎[麟]趾之化王者之风故系之周公南言化自／北而南也鹊[巢][驺][虞]之德诸侯之风也先王之／所以教故[系]之召公周南召南正始之道王化／之基是以关雎乐[得][淑][女][以]配君子忧在[进]贤／不淫其[色][哀]窈窕思贤[才]而无伤善之心焉是／关雎之义也[关][关][雎][鸠]在河之洲窈窕淑女君／子好逑[参][差]荇菜左右流之窈窕淑女寤寐求／之求之不得寤寐思服悠哉悠哉辗转反侧参／差荇[菜]左右采之窈窕淑女琴瑟友之参差荇／[菜]左右芼之窈窕淑女钟鼓乐之

神明者也是謂四始詩之至也然則關
雎麟趾之化王者之風故繫之周公南言化自
北而南也鵲巢騶虞之德諸侯之風也先王之
所以教故繫之召公周南召南正始之道王化
之基是以關雎樂得淑女以配君子憂在進賢
不淫其色哀窈窕思賢才而無傷善之心焉是
關雎之義也關關雎鳩在河之洲窈窕淑女君
子好逑參差荇菜左右流之窈窕淑女寤寐求
之求之不得寤寐思服悠哉悠哉輾轉反側參
差荇菜左右采之窈窕淑女琴瑟友之參差荇

小雅
鹿鳴燕羣臣嘉賓也既飲食之又實幣帛筐篚
以將其厚意然後忠臣嘉賓得盡其心矣呦呦
鹿鳴食野之苹我有嘉賓鼓瑟吹笙吹笙鼓簧
承筐是將人之好我示我周行呦呦鹿鳴食野
之蒿我有嘉賓德音孔昭視民不恌君子是則
是傚我有旨酒嘉賓式燕以敖呦呦鹿鳴食野
之芩我有嘉賓鼓瑟鼓琴鼓瑟鼓琴和樂且湛
我有旨酒以燕樂嘉賓之心

释文

商颂一那祀成汤也微子至于戴公其间礼乐废坏有一正考甫者得商颂十二篇于周之太师以那为一首猗与那与置我鞉鼓奏鼓简简衎我烈祖汤一孙奏假绥我思成鞉鼓渊渊嘒嘒管声既和且一平依我磬声於赫汤孙穆穆厥声庸鼓有斁万一舞有奕我有嘉客亦不夷怿自古在昔先民有一作温恭朝夕执事有恪顾予烝一尝汤孙之将

释文

小雅一鹿鸣燕群臣嘉宾也既饮食之又实币帛筐篚一以将其厚意然后忠臣嘉宾得尽其心矣呦呦一鹿鸣食野之苹我有嘉宾鼓瑟吹笙吹笙鼓簧一承筐是将人之好我示我周行呦呦鹿鸣食野一之蒿我有嘉宾德音孔昭视民不恌君子是则一是效我有旨酒嘉宾式燕以敖呦呦鹿鸣食野一之芩我有嘉宾鼓瑟鼓琴鼓瑟鼓琴和乐且湛一我有旨酒以燕乐嘉宾之心

堯舜君師之任[illegible]
禪之清義世道之興起
人專任其貴所為稱論於心表儀人
則者勤無至矣所望於丕應者豈淺哉
年下二字思皇多士生此王國王國克
士紹聞之餘以爾與為者勉之紹興癸
亥秋九月甲子太師尚書左僕射同中
書門下平章事兼樞密使監修國史兼
提舉實錄院提舉詳定一司勅令提舉

释文

臣闻之书曰天降下民作之君作之师 一 自古圣王在上则君师之任归于一故 一 尧舜之世万邦咸宁比屋可封者治教 一 之明效大验也仰惟 一 主上以天锡勇智拨乱世反之正又于 一 投戈之隙 一 亲御翰墨尽书六经以及论语孟子朝 一 夕从事为诸儒倡臣因得请刊石于国 一 子监颁其本遍赐泮宫 一 尧舜君师之任乃幸获亲见之夫以乾 一 坤之清夷世道之兴起 一 一人专任其责所为经纶于心表仪以 一 身者勤亦至矣所望于丕应者岂浅哉 一 诗不云乎思皇多士生此王国王国克 一 生维周之翰臣愿与学者勉之绍兴癸 一 亥岁九月甲子太师尚书左仆射同中 一 书门下平章事兼枢密使监修国史兼 一 提举实录院提举详定 一 司敕令提举 一 编修玉牒所魏国公臣秦桧谨记

那祀成湯也微子至於戴公其間禮樂廢壞有
正考甫者得商頌十二篇於周之大師以那為
首猗與那與置我鞉鼓奏鼓簡簡衎我烈祖湯
孫奏假綏我思成鞉鼓淵淵嘒嘒管聲既和且
平依我磬聲於赫湯孫穆穆厥聲庸鼓有斁萬
舞有奕我有嘉客亦不夷懌自古在昔先民有
作溫恭朝夕執事有恪顧予烝嘗湯孫之將
烈祖祀中宗也嗟嗟烈祖有秩斯祜申錫無疆
及爾斯所既載清酤賚我思成亦有和羹既戒

臣聞之書曰天降下民作之君作之師
自古聖王在上則君師之任歸于一故
堯舜之世萬邦咸寧比屋可封者皆
之明効大驗也仰惟
王上欽天錫勇智撥亂反正文於
投戈之隙
親御翰墨書寫六經以及論語孟子朝
從事為諸儒倡臣因得請刻石于國

南宋太学石经 · 春秋左传

《春秋》为传统儒经之一，是我国现存第一部编年体史书，相传由孔子据鲁国国史整理、修订，成为儒学经典。《春秋》用语凝练，微言大义，所记内容较为简略。相传春秋晚期鲁国史官左丘明以《春秋》为纲，博采各国史事，编次成书。此书实际成于战国中期，西汉古文经学家认为是注解《春秋》之作，改称《春秋左氏传》，简称《春秋左传》《左传》，与《公羊传》《穀梁传》合称"《春秋》三传"。

《春秋左传》共六十卷，按照鲁国国君的先后顺序记载了鲁隐公元年（前772）至鲁悼公十四年（前453）之间的历史，文中《经》后文字为《春秋》经文，《传》后文字则系左氏所作注解。《春秋左传》是研究春秋时期社会历史变革的重要文献，代表了先秦史学的最高成就，对后世的史学影响深远。

《春秋》早在东汉灵帝时已被刻入熹平石经，后历代石经均有刻录。

《春秋左传》石刻推测原有63石，是御书经书中体量最大、所存石刻最多的。现存48石，第四、九、十八、二十、二十三、二十九、三十、三十一、四十二、四十三、四十四、四十七、五十、五十二、六十一等15石佚失。尺寸大体一致，高152—164厘米，宽86—101厘米，厚22—26厘米。每石纵4列，每列45行，每行18字，字径约1厘米，楷体。经文上部刻数字编号，每列右旁刻小字"春秋"，"春秋"字下标刻该列的序数字。第六十三石经文后刻有秦桧跋文，因碑面损毁、风化严重，仅数字可辨。

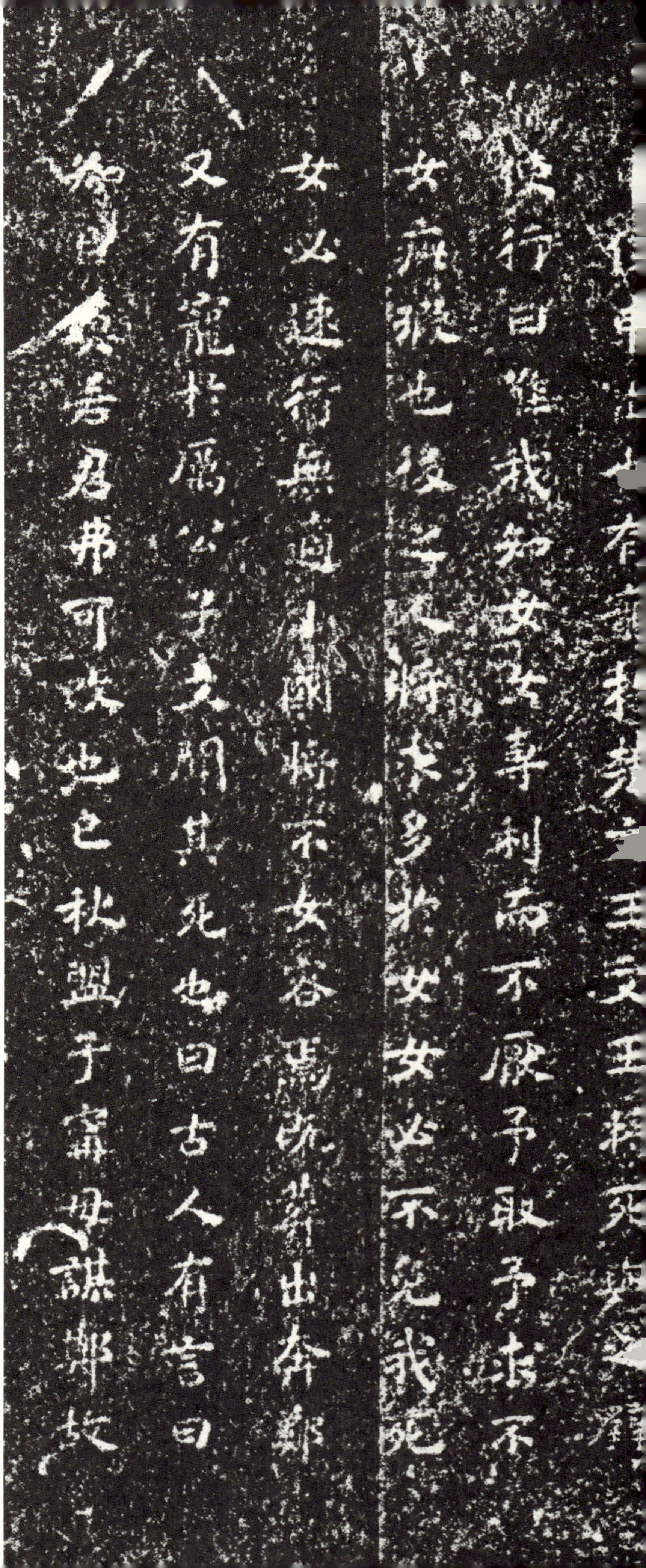

释文

经六年春王正月夏公会齐侯宋公陈侯卫侯/曹伯伐郑围新城秋楚人围许诸侯遂救许冬/公至自伐郑/传六年春晋侯使贾华伐屈夷吾不能守盟而/行将奔狄郤芮曰后出同走罪也不如之梁梁/近秦而幸焉乃之梁夏诸侯伐郑以其逃首止/之盟故也围新密郑所以不时城也秋楚子围/许以救郑诸侯救许乃还冬蔡穆侯将许僖公/以见楚子于武城许男面缚衔璧大夫衰绖士/舆榇楚子问诸逢伯对曰昔武王克殷微子启/如是武王亲释其缚受其璧而祓之焚其榇礼/而命之使复其所楚子从之/经七年春齐人伐郑夏小邾子来朝郑杀其大/夫申侯秋七月公会齐侯宋公陈世子款郑世/子华盟于甯母曹伯班卒公子友如齐冬葬曹/昭公/传七年春齐人伐郑孔叔言于郑伯曰谚有之/曰心则不竞何惮于病既不能强又不能弱所/以毙也国危矣请下齐以救国公曰吾知其所/由来矣姑少待我对曰朝不及夕何以待君夏/郑杀申侯以说于齐且用陈辕涛涂之谮也初/申侯申出也有宠于楚文王文王将死与之璧/使行曰唯我知女女专利而不厌予取予求不/女疵瑕也后之人将求多于女女必不免我死/女必速行无适小国将不女容焉既葬出奔郑/又有宠于厉公子文闻其死也曰古人有言曰/知臣莫若君弗可改也已秋盟于甯母谋郑故

經六年春王正月夏公會齊侯宋公陳侯衛侯
曹伯伐鄭圍新城秋楚人圍許諸侯遂救許冬
公至自伐鄭
傳六年春晉侯使賈華伐屈夷吾不能守盟而
行將奔狄郤芮曰後出同走罪也不如之梁梁
近秦而幸焉乃之梁夏諸侯伐鄭以其逃首止
之盟故也圍新密鄭所以不時城也秋楚子圍
許以救鄭諸侯救許乃還冬蔡穆侯將許僖公
以見楚子於武城許男面縛銜璧大夫衰絰士
輿櫬楚子問諸逢伯對曰昔武王克殷微子啓

以德加之以訓辭而帥諸侯以討鄭鄭將覆亡
之不暇豈敢不懼若總其罪人以臨之鄭有辭
矣何懼且夫合諸侯以崇德也會而列姦何以
示後嗣夫諸侯之會其德刑禮義無國不記記
姦之位君盟替矣作而不記非盛德也君其勿
許鄭必受盟夫子華既為大子而求介於大國
以弱其國亦必不免鄭有叔詹堵叔師叔三良
為政未可間也齊侯辭焉子華由是得罪於鄭
冬鄭伯使請盟于齊閏月惠王崩襄王惡大叔
帶之難懼不立不發喪而告難于齊

也管仲言於齊侯曰臣聞之招携以禮懷遠以
德德禮不易無人不懷齊侯脩禮於諸侯諸侯
官受方物鄭伯使太子華聽命於會言於齊侯
曰泄氏孔氏子人氏三族實違君命君若去之
以為成我以鄭為內臣君亦無所不利焉齊侯
將許之管仲曰君以禮與信屬諸侯而以姦終
之無乃不可乎子父不奸之謂禮守命共時之
謂信違此二者姦莫大焉公曰諸侯有討於鄭
未捷今苟有釁從之不亦可乎對曰君若綏之

如是武王親釋其縛受其璧而祓之焚其櫬禮
而命之使復其所楚子從之
經七年春齊人伐鄭夏小邾子來朝鄭殺其大
夫申侯秋七月公會齊侯宋公陳世子款鄭世
子華盟于寧母曹伯班卒公子友如齊冬葬曹
昭公
傳七年春齊人伐鄭孔叔言於鄭伯曰諺有之
曰心則不競何憚於病既不能彊又不能弱所
以斃也國危矣請下齊以救國公曰吾知其所
由來矣姑少待我對曰朝不及夕何以待君夏
鄭殺申侯以說于齊且用陳轅濤塗之譖也初

释文

春秋一也管仲言于齐侯曰臣闻之招携以礼怀远以一德德礼不易无人不怀齐侯修礼于诸侯诸侯一官受方物郑伯使大子华听命于会言于齐侯一曰泄氏孔氏子人氏三族实违君命君若去之一以为成我以郑为内臣君亦无所不利焉齐侯一将许之管仲曰君以礼与信属诸侯而以奸终一之无乃不可乎子父不奸之谓礼守命共时之一谓信违此二者奸莫大焉公曰诸侯有讨于郑一未捷今苟有衅从之不亦可乎对曰君若绥之一以德加之以训辞而帅诸侯以讨郑郑将覆亡一之不暇岂敢不惧若总其罪人以临之郑有辞一矣何惧且夫合诸侯以崇德也会而列奸何以一示后嗣夫诸侯之会其德刑礼义无国不记记一奸之位君盟替矣作而不记非盛德也君其勿一许郑必受盟夫子华既为大子而求介于大国一以弱其国亦必不免郑有叔詹堵叔师叔三良一为政未可间也齐侯辞焉子华由是得罪于郑一冬郑伯使请盟于齐闰月惠王崩襄王恶大叔一带之难惧不立不发丧而告难于齐

南宋太学石经·论语

《论语》为传统儒经之一，是记录孔子及其弟子言行的语录体著作，成书于战国时期。孔子秉持述而不作的传统，此书由孔子弟子及再传弟子编写而成。《论语》共二十篇，比较忠实地记录了孔子及其弟子的言行，内容涉及教育、政治、文艺、哲学以及立身处世等多个方面。《孟子·滕文公下》中评论《论语》为“五经之錧辖，六艺之喉衿”，北宋赵普曾有“半部《论语》治天下”之说，其思想内容成为后世中国两千多年来主流思想的重要组成部分，影响广泛而深远。

《论语》早在东汉灵帝时已被刻入熹平石经，唐文宗时增订为“十二经”之一，后开成石经、北宋嘉祐石经均有刻录。

《论语》石刻推测原有 10 石，现存 7 石，第六、七、九石佚失。尺寸大体一致，高 155.5—160.5 厘米，宽 96—97 厘米，厚 21.5—25 厘米。每石纵 4 列，每列 27 行，每行 15 至 16 字不等，字径约 1.5 厘米，较其他经书略大。以楷字为主，夹以行书。经文上部刻“语一”至“语十”的大字编号，每列右旁刻小字“语”，“语”字下标刻该列的序数字。第十石经文后刻有秦桧跋文，因碑面损毁、风化严重，难以辨识。

語二

有反坫管氏而知禮孰不知禮子語魯大
師樂曰樂其可知也始作翕如也從之純
如也皦如也繹如也以成儀封人請見曰
君子之至於斯也吾未嘗不得見也從者
見之出曰二三子何患於喪乎天下之無
道也久矣天將以夫子為木鐸子謂韶盡
美矣又盡善也謂武盡美矣未盡善也子
曰居上不寬為禮不敬臨喪不哀吾何
以觀之哉

里仁第四

子曰里仁為美擇不處仁焉得知子曰不
仁者不可以久處約不可以長處樂仁者
安仁知者利仁子曰惟仁者能好人能惡
人子曰苟志於仁矣無惡也子曰富與貴
是人之所欲也不以其道得之不處也貧
與賤是人之所惡也不以其道得之不去
也君子去仁惡乎成名君子無終食之間
違仁造次必於是顛沛必於是子曰我未
見好仁者惡不仁者好仁者無以尚之惡
不仁者其為仁矣不使不仁者加乎其身
有能一日用其力於仁矣乎我未見力不
足者蓋有之矣我未之見也子曰人之過
也各於其黨觀過斯知仁矣子曰朝聞
道夕死可矣子曰士志於道而恥惡衣
惡食者未足與議也子曰君子之於天下
也無適也無莫也義之與比子曰君子懷
德小人懷土君子懷刑小人懷惠子曰放
於利而行多怨子曰能以禮讓為國乎何
有不能以禮讓為國如禮何子曰不患無
位患所以立不患莫己知求為可知也子
曰參乎吾道一以貫之曾子曰唯子出門
人問曰何謂也曾子曰夫子之道忠恕而
已矣子曰君子喻於義小人喻於利子曰
見賢思齊焉見不賢而內自省也子曰事
父母幾諫見志不從又敬不違勞而不怨
子曰父母在不遠遊遊必有方子曰三年
無改於父之道可謂孝矣子曰父母之年
不可不知也一則以喜一則以懼子曰古者
言之不出恥躬之不逮也子曰以約失之者
鮮矣子曰君子欲訥於言而敏於行子曰
德不孤必有鄰子游曰事君數斯辱矣
朋友數斯疏矣

論語卷第三

公冶長第五

子謂公冶長可妻也雖在縲絏之中非其
罪也以其子妻之子謂南容邦有道不廢
邦無道免於刑戮以其兄之子妻之子謂
子賤君子哉若人魯無君子者斯焉取斯
子貢問曰賜也何如子曰女器也曰何器也
曰瑚璉也或曰雍也仁而不佞子曰焉用佞
禦人以口給屢憎於人不知其仁焉用佞
子使漆彫開仕對曰吾斯之未能信子說
子曰道不行乘桴浮于海從我者其由與
子路聞之喜子曰由也好勇過我無所取
材孟武伯問子路仁乎子曰不知也又問
子曰由也千乘之國可使治其賦也不知
其仁也求也何如子曰求也千室之邑百
乘之家可使為之宰也不知其仁也赤也
何如子曰赤也束帶立於朝可使與賓
客言也不知其仁也子謂子貢曰女與回
也孰愈對曰賜也何敢望回回也聞一以
知十賜也聞一以知二子曰弗如也吾與
女弗如也宰予晝寢子曰朽木不可雕也
糞土之牆不可杇也於予與何誅子曰始
吾於人也聽其言而信其行今吾於人也
聽其言而觀其行於予與改是子曰吾
未見剛者或對曰申棖子曰棖也慾焉
得剛子貢曰我不欲人之加諸我也吾亦
欲無加諸人子曰賜也非爾所及也子貢
曰夫子之文章可得而聞也夫子之言性
與天道不可得而聞也子路有聞未之能
行唯恐有聞子貢問曰孔文子何以謂之文
也子曰敏而好學不恥下問是以謂之文
也子謂子產有君子之道四焉其行己也
恭其事上也敬其養民也惠其使民也
義子曰晏平仲善與人交久而敬之子
曰臧文仲居蔡山節藻梲何如其知也子張
問曰令尹子文三仕為令尹無喜色三已
之無慍色舊令尹之政必以告新令尹何
如子曰忠矣曰仁矣乎曰未知焉得仁
子弒齊君陳文子有馬十乘棄

[illegible]

释文

论语卷第一 一学而第一 一子曰学而时习之不亦说乎有朋自远方 一来不亦乐乎人不知而不愠不亦君子乎 一有子曰其为人也孝弟而好犯上者鲜矣 一不好犯上而好作乱者未之有也君子务 一本本立而道生孝弟也者其为仁之本与 一子曰巧言令色鲜矣仁曾子曰吾日三省 一吾身为人谋而不忠乎与朋友交而不信 一乎传不习乎子曰道千乘之国钦事而信 一节用而爱人使民以时子曰弟子入则孝

論語卷第一

學而第一

子曰學而時習之不亦說乎有朋自遠方
來不亦樂乎人不知而不慍不亦君子乎
有子曰其爲人也孝弟而好犯上者鮮矣
不好犯上而好作亂者未之有也君子務
本本立而道生孝弟也者其爲仁之本與

見好仁者惡不仁者好仁者無以尚之惡
不仁者其為仁矣不使不仁者加乎其身
有能一日用其力於仁矣乎我未見力不
足者蓋有之矣我未之見也子曰人之過
也各於其黨觀過斯知仁矣子曰朝聞
道夕死可矣子曰士志於道而恥惡衣
惡食者未足與議也子曰君子之於天下
也無適也無莫也義之與比子曰君子懷
德小人懷土君子懷刑小人懷惠子曰放

里仁第四

子曰里仁爲美擇不處仁焉得知子曰不仁者不可以久處約不可以長處樂仁者安仁知者利仁子曰唯仁者能好人能惡人子曰苟志於仁矣無惡也子曰富與貴是人之所欲也不以其道得之不處也貧與賤是人之所惡也不以其道得之不去也君子去仁惡乎成名君子無終食之間違仁造次必於是顛沛必於是我未

释文

里仁第四／子曰里仁为美择不处仁焉得知子曰不／仁者不可以久处约不可以长处乐仁者／安仁知者利仁子曰唯仁者能好人能恶／人子曰苟志于仁矣无恶也子曰富与贵／是人之所欲也不以其道得之不处也贫／与贱是人之所恶也不以其道得之不去／也君子去仁恶乎成名君子无终食之间／违仁造次必于是颠沛必于是子曰我未／见好仁者恶不仁者好仁者无以尚之恶／不仁者其为仁矣不使不仁者加乎其身／有能一日用其力于仁矣乎我未见力不／足者盖有之矣我未之见也子曰人之过／也各于其党观过斯知仁矣子曰朝闻／道夕死可矣子曰士志于道而耻恶衣／恶食者未足与议也子曰君子之于天下／也无适也无莫也义之与比子曰君子怀／德小人怀土君子怀刑小人怀惠子曰放／于利而行多怨子曰能以礼逊为国乎何／有不能以礼逊为国如礼何子曰不患无／位患所以立不患莫己知求为可知也子／曰参乎吾道一以贯之曾子曰唯子出门／人问曰何谓也曾子曰夫子之道忠恕而／已矣子曰君子喻于义小人喻于利子曰／见贤思齐焉见不贤而内自省也子曰事／父母几谏见志不从又钦不违劳而不怨／子曰父母在不远游游必有方子曰三年／无改于父之道可谓孝矣子曰父母之年／不可不知也一则以喜一则以惧子曰古者／言之不出耻躬之不逮也子曰以约失之者／鲜矣子曰君子欲讷于言而敏于行子曰／德不孤必有邻子游曰事君数斯辱矣／朋友数斯疏矣

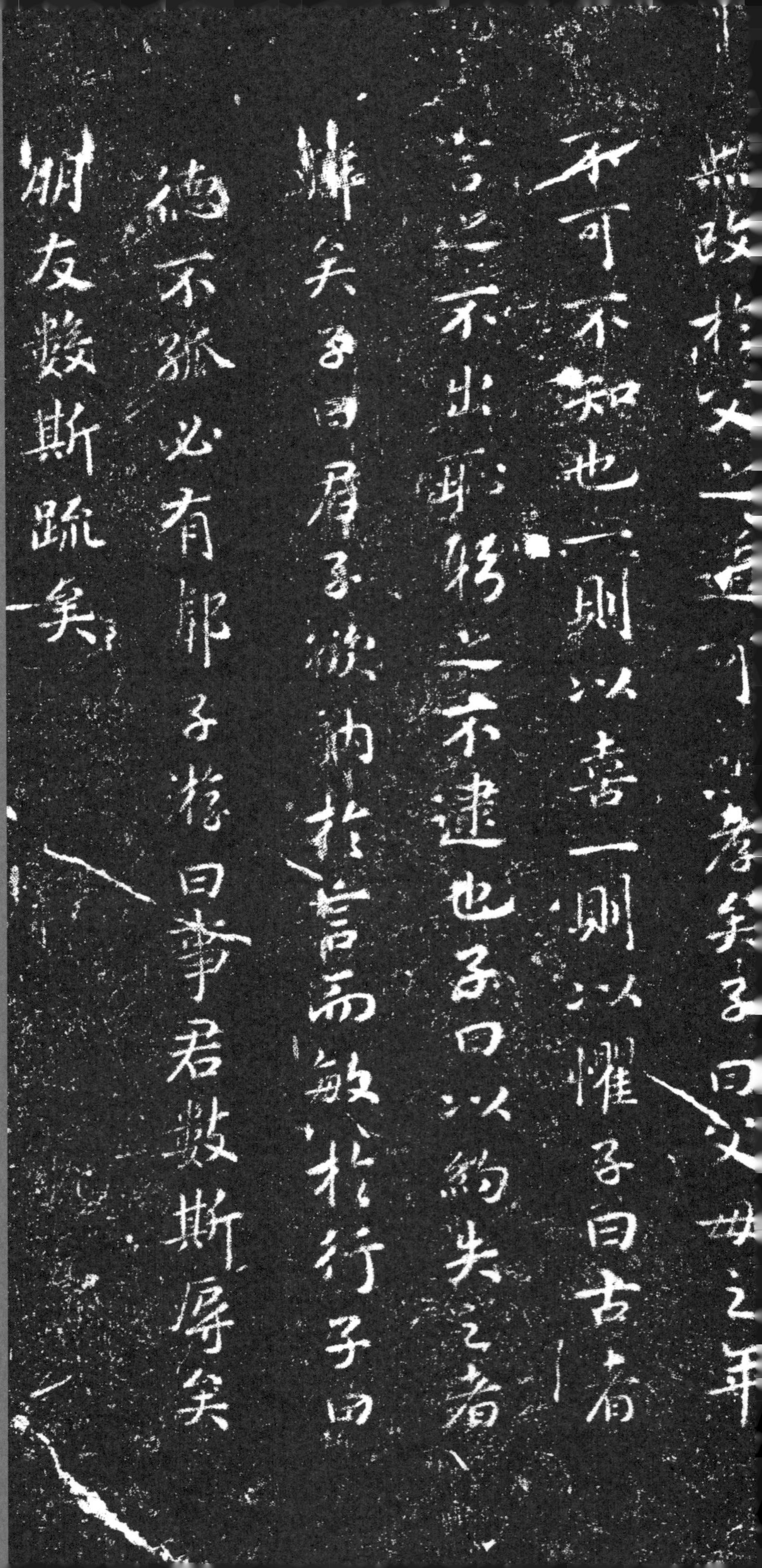

於利而行多怨子曰能以禮讓為國乎何
有不能以禮讓為國如禮何子曰不患無
位患所以立不患莫己知求為可知也子
曰參乎吾道一以貫之曾子曰唯子出門
人問曰何謂也曾子曰夫子之道忠恕而
已矣子曰君子喻於義小人喻於利子曰
見賢思齊焉見不賢而內自省也子曰事
父母幾諫見志不從又敬不違勞而不怨
子曰父母在不遠遊遊必有方子曰三年

南宋太学石经 · 孟子

《孟子》为宋代新儒经之一，是记录孟子及其弟子言行的一部语录体著作，传为孟轲或其弟子、再传弟子所著。孟子（约前 372—前 289），战国时期儒家代表人物，名轲，字子舆，邹（今山东邹城）人。孟子以身循道，周游列国，不仕一国之政，而谋“天下之政”，践行“得志与民由之，不得志独行其道”的儒家人格，提出“民为贵，君为轻”的仁政理念。孟子继承并发扬了孔子的思想，成为仅次于孔子的一代儒家宗师，与孔子并称为“孔孟”，其与子思的学说一同被称为“思孟学派”。

唐代中后期，古文运动的倡导者韩愈在《原道》中将孟子视为继承孔子“道统”的唐以前唯一的儒家人物。至北宋时，《孟子》受到孙复、二程、王安石等人的大力推崇，于熙宁变法中始由“子”升为“经”，被增列为儒家经典“第十三经”。南宋时，朱熹将其与《大学》《中庸》《论语》合订为“四书”，后作为科举考试必读书目。

《孟子》原有十一篇，现传世七篇，每篇又分上下。与《论语》的文字简约、含蓄相比，《孟子》则多为长篇大论，气势磅礴，议论尖锐、机智而雄辩。据史料记载及相关考证，《孟子》在唐及之前未被刻入石经。宋徽宗宣和年间（1119—1125），首次被补刻入后蜀广政石经。元时被补刻入北宋嘉祐石经，清时被补刻入唐开成石经。

《孟子》石刻推测原有 22 石，现存 10 石，第一、二、三、五、十、十一、十二、十三、十四、十八、二十、二十二石佚失。尺寸大体一致，高 152.5—161.5 厘米，宽 96—106 厘米，厚 20—21 厘米。每石纵 4 列，每列 28 行，每行 15 字至 17 字不等，字径约 1.5 厘米。以楷字为主，夹以行书。经文上部刻数字编号，每列右旁按《千字文》“天地玄黄、宇宙洪荒”等顺序标刻。

十九

下而去之仁者固如此乎孟子曰居下位
不以賢事不肖者伯夷也五就湯五就桀
者伊尹也不惡汙君不辭小官者柳下惠
也三子者不同道其趨一也一者何也曰
仁也君子亦仁而已矣何必同曰魯繆公之
時公儀子為政子柳子思為臣魯之削也
滋甚若是乎賢者之無益於國也曰虞不
用百里奚而亡秦穆公用之而霸不用賢
則亡削何可得與曰昔者王豹處於淇而
河西善謳綿駒處於高唐而齊右善歌
華周杞梁之妻善哭其夫而變國俗有
諸內必形諸外為其事而無其功者髡
未嘗覩之也是故無賢者也有則髡必
識之曰孔子為魯司寇不用從而祭燔
肉不至不稅冕而行不知者以為為肉也
其知者以為為無禮也乃孔子則欲以微
罪行不欲為苟去君子之所為眾人固不
識也
孟子曰五霸者三王之罪人也今之諸侯
五霸之罪人也今之大夫今之諸侯之罪
人也天子適諸侯曰巡狩諸侯朝於天子
曰述職春省耕而補不足秋省斂而助不
給入其疆土地辟田野治養老尊賢俊
傑在位則有慶慶以地入其疆土地荒
蕪遺老失賢掊克在位則有讓一不朝
則貶其爵再不朝則削其地三不朝則
六師移之是故天子討而不伐諸侯伐而
不討五霸者摟諸侯以伐諸侯者也故曰

五霸者三王之罪人也五霸桓公為盛葵
丘之會諸侯束牲載書而不歃血初命曰
誅不孝無易樹子無以妾為妻再命曰尊
賢育才以彰有德三命曰敬老慈幼無忘
賓旅四命曰士無世官官事無攝取士必
得無專殺大夫五命曰無曲防無遏糴無
有封而不告曰凡我同盟之人既盟之後
言歸于好今之諸侯皆犯此五禁故曰今
之諸侯五霸之罪人也長君之惡其罪小
逢君之惡其罪大今之大夫皆逢君之惡
故曰今之大夫今之諸侯之罪人也
魯欲使慎子為將軍孟子曰不教民而
用之謂之殃民殃民者不容於堯舜之世
一戰勝齊遂有南陽然且不可慎子勃然
不悅曰此則滑釐所不識也曰吾明告子
天子之地方千里不千里不足以待諸侯諸
侯之地方百里不百里不足以守宗廟之典
籍周公之封於魯為方百里也地非不足
而儉於百里太公之封於齊也亦為方百
里也地非不足也而儉於百里今魯方百
里者五子以為有王者作則魯在所損乎
在所益乎徒取諸彼以與此然且仁者不
為況於殺人以求之乎君子之事君也務
引其君以當道志於仁而已
孟子曰今之事君者曰我能為君辟土地
充府庫今之所謂良臣古之所謂民賊也
君不鄉道不志於仁而求富之是富桀也
我能為君約與國戰必克今之所謂良臣

古之所謂民賊也君不鄉道不志於仁而
求為之強戰是輔桀也由今之道無變今
之俗雖與之天下不能一朝居也
白圭曰吾欲二十而取一何如孟子曰子之
道貉道也萬室之國一人陶則可乎曰不
可器不足用也曰夫貉五穀不生惟黍生
之無城郭宮室宗廟祭祀之禮無諸侯幣
帛饔飧無百官有司故二十取一而足也
今居中國去人倫無君子如之何其可也
陶以寡且不可以為國況無君子乎欲輕
之於堯舜之道者大貉小貉也欲重之
於堯舜之道者大桀小桀也
白圭曰丹之治水也愈於禹孟子曰子過矣
禹之治水水之道也是故禹以四海為壑
今吾子以鄰國為壑水逆行謂之洚水
洚水者洪水也仁人之所惡也吾子過矣
孟子曰君子不亮惡乎執
魯欲使樂正子為政孟子曰吾聞之喜而
不寐公孫丑曰樂正子強乎曰否有知慮
乎曰否多聞識乎曰否然則奚為喜而不
寐曰其為人也好善好善足乎曰好善優
於天下而況魯國乎夫苟好善則四海之
內皆將輕千里而來告之以善夫苟不好
善則人將曰訑訑予既已知之矣訑訑之
聲音顏色距人於千里之外士止於千里
之外則讒諂面諛之人至矣與讒諂面諛
之人居國欲治可得乎
陳子曰古之君子何如則仕孟子曰所就三

所去三迎之致敬以有禮言將行其言也
則就之禮貌未衰言弗行也則去之其次
雖未行其言也迎之致敬以有禮則就之
禮貌衰則去之其下朝不食夕不食飢餓
不能出門戶君聞之曰吾大者不能行其
道又不能從其言也使飢餓於我土地吾
恥之周之亦可受也免死而已矣
孟子曰舜發於畎畝之中傅說舉於版
築之間膠鬲舉於魚鹽之中管夷吾舉
於士孫叔敖舉於海百里奚舉於市故
天將降大任於是人也必先苦其心志勞
其筋骨餓其體膚空乏其身行拂亂其
所為所以動心忍性曾益其所不能人恒
過然後能改困於心衡於慮而後作徵於
色發於聲而後喻入則無法家拂士出
則無敵國外患者國恆亡然後知生於
憂患而死於安樂也
孟子曰教亦多術矣予不屑之教誨也者
是亦教誨之而已矣
孟子卷第十三
盡心章句上
孟子曰盡其心者知其性也知其性則知
天矣存其心養其性所以事天也殀壽不
貳脩身以俟之所以立命也
孟子曰莫非命也順受其正是故知命
者不立乎巖牆之下盡其道而死者正命
也桎梏死者非正命也
孟子曰求則得之舍則失之是求有益於

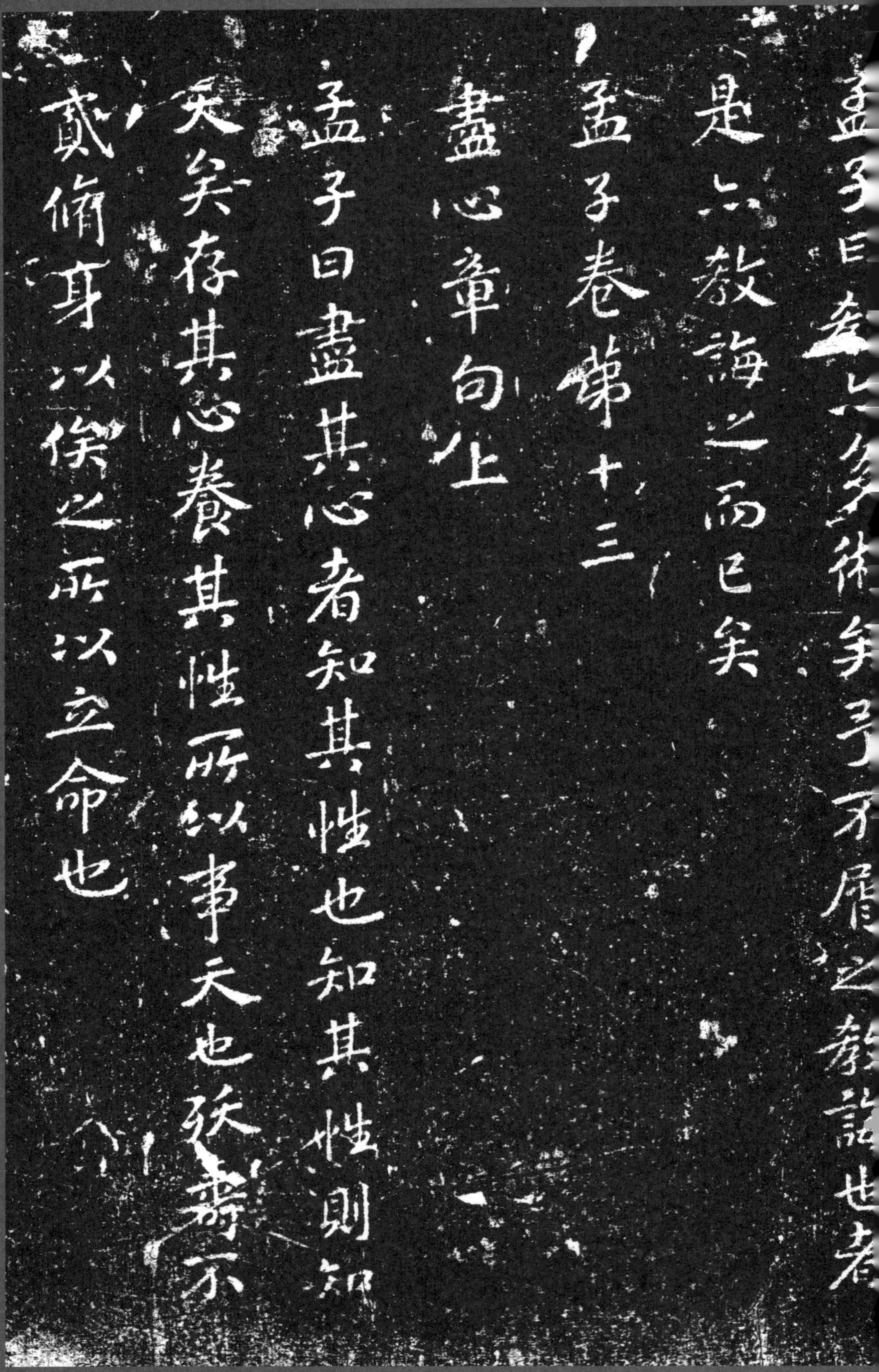

释文

孟子曰舜发于畎亩之中傅说举于版｜筑之间胶鬲举于鱼盐之中管夷吾举｜于士孙叔敖举于海百里奚举于市故｜天将降大任于是人也必先苦其心志劳｜其筋骨饿其体肤空乏其身行拂乱其｜所为所以动心忍性曾益其所不能人常｜过然后能改困于心衡于虑而后作证于｜色发于声而后喻入则无法家拂士出｜则无敌国外患者国常亡然后知生于｜忧患而死于安乐也｜孟子曰教亦多术矣予不屑之教诲也者｜是亦教诲之而已矣｜孟子卷第十三｜尽心章句上｜孟子曰尽其心者知其性也知其性则知｜天矣存其心养其性所以事天也殀寿不｜贰修身以俟之所以立命也

孟子曰舜發於畎畝之中傅說舉於版築之間膠鬲舉於魚鹽之中管夷吾舉於士孫叔敖舉於海百里奚舉於市故天將降大任於是人也必先苦其心志勞其筋骨餓其體膚空乏其身行拂亂其所為所以動心忍性曾益其所不能人常過然後能改困於心衡於慮而後作徵於色發於聲而後喻入則無法家拂士出則無敵國外患者國常亡然後知生於

南宋太学石经·中庸

《中庸》为宋代新儒经之一，原为传统儒学《礼记》的第三十一篇，为孔子嫡孙子思所撰。《汉书·艺文志》《隋书·经籍志》已有单篇著录的注解之书。唐中后期李翱、北宋二程等人对《中庸》进行了较为详尽的阐述，南宋时朱熹将《中庸》与《大学》《论语》《孟子》合订为“四书”，并认为是“孔门传授心法”。

《中庸》分为上、下两卷，共计三十三篇，深入阐述了“致中和”“自诚明”“自明诚”等儒家核心思想。“中庸”，可解释为“用中”“执中”，既秉持中正平和的原则立身处世，以求达到适中和谐的境地。全篇以“中庸”作为最高的道德准则，并论及“博学”“五达道”等学习方法与为人规范，深刻揭示了儒家思想“道”与“器”的关系，充分体现了儒家思想既落实在人伦日用，又超越于世俗之上的特点，是儒家思想中哲学价值最高的文章之一。

《中庸》现存1石，碑石高197厘米，宽111厘米，厚29厘米，尺寸为现存石经中最大。纵5列，前四列40行，第5列33行，每行14字（最后1行11字），字径约1.2厘米，楷体，间杂行书。碑石上部未刻数字编号，每列右旁刻小字“中庸”，下依次标刻数字“三”至“七”。经文起于第十五章首句“（君子之道，辟如行远）必自迩”，终于第三十三章末句“无声无臭，至矣”。后存刻篆玺“御书之印”。

大臣則不眩體羣臣則士之報禮重
子庶民則百姓勸來百工則財用足
柔遠人則四方歸之懷諸侯則天下
畏之齊明盛服非禮不動所以脩身
也去讒遠色賤貨而貴德所以勸賢
也尊其位重其祿同其好惡所以勸
親親也官盛任使所以勸大臣也忠
信重祿所以勸士也時使薄斂所以

必自邇辟如登高必自卑詩曰妻子好合如鼓瑟琴兄弟既翕和樂且耽宜爾室家樂爾妻帑子曰父母其順矣乎子曰鬼神之為德其盛矣乎視之而弗見聽之而弗聞體物而不可遺使天下之人齊明盛服以承祭祀洋洋乎如在其上如在其左右詩曰神之格思不可度思矧可射思夫微之顯誠之不可揜如此夫子曰舜其大孝也與德為聖人尊為天子富有四海之內宗廟饗之子孫保之故大德必得其位必得其祿必得其名必得其壽故天之生物必因其材而篤焉故栽者培之傾者覆之詩曰嘉樂君子憲憲令德宜民宜人受祿于天保佑命之自天申之故大德者必受命子曰無憂者其惟文王乎以王季為父以武王為子父作之子述之武王纘大王王季文王之緒壹戎衣而有天下身不失天下之顯名尊為天子富有四海之內宗廟饗之子孫保之武王末受命周公成文武之德追王大王王季上祀先公以天子之禮斯禮也達乎諸侯大夫及士庶人父為大夫子為士葬以大夫祭以士父為士子為大夫葬以士祭以大夫期之喪達乎大夫三年之喪達乎天子父母之喪無貴賤一也子曰武王周公其達孝矣乎夫孝者善繼人之志善述人之事者也春秋脩其祖廟陳其宗器設其裳衣薦其時食宗廟之禮所以序昭穆也序爵所以辨貴賤也序事所以辨賢也旅酬下為上所以逮賤也燕毛所以序齒也踐其位行其禮奏其樂敬其所尊愛其所親事死如事生事亡如事存孝之至也郊社之禮所以事上帝也宗廟之禮所以祀乎其先也明乎郊社之禮禘嘗之義治國其如示諸掌乎哀公問政子曰文武之政布在方策其人存

則其政舉其人亡則其政息人道敏政地道敏樹夫政也者蒲盧也故為政在人取人以身脩身以道脩道以仁仁者人也親親為大義者宜也尊賢為大親親之殺尊賢之等禮所生也在下位不獲乎上民不可得而治矣故君子不可以不脩身思脩身不可以不事親思事親不可以不知人思知人不可以不知天天下之達道五所以行之者三曰君臣也父子也夫婦也昆弟也朋友之交也五者天下之達道也知仁勇三者天下之達德也所以行之者一也或生而知之或學而知之或困而知之及其知之一也或安而行之或利而行之或勉強而行之及其成功一也子曰好學近乎知力行近乎仁知恥近乎勇知斯三者則知所以脩身知所以脩身則知所以治人知所以治人則知所以治天下國家矣凡為天下國家有九經曰脩身也尊賢也親親也敬大臣也體群臣也子庶民也來百工也柔遠人也懷諸侯也脩身則道立尊賢則不惑親親則諸父昆弟不怨敬大臣則不眩體群臣則士之報禮重子庶民則百姓勸來百工則財用足柔遠人則四方歸之懷諸侯則天下畏之齊明盛服非禮不動所以脩身也去讒遠色賤貨而貴德所以勸賢也尊其位重其祿同其好惡所以勸親親也官盛任使所以勸大臣也忠信重祿所以勸士也時使薄斂所以勸百姓也日省月試既廩稱事所以勸百工也送往迎來嘉善而矜不能所以柔遠人也繼絕世舉廢國治亂持危朝聘以時厚往而薄來所以懷諸侯也凡為天下國家有九經所以行之者一也凡事豫則立不豫則廢言前定則不跲事前定則不困行前定則不疚道前定則不窮在下位不

獲乎上民不可得而治矣獲乎上有道不信乎朋友不獲乎上矣信乎朋友有道不順乎親不信乎朋友矣順乎親有道反諸身不誠不順乎親矣誠身有道不明乎善不誠乎身矣誠者天之道也誠之者人之道也誠者不勉而中不思而得從容中道聖人也誠之者擇善而固執之者也博學之審問之慎思之明辨之篤行之有弗學學之弗能弗措也有弗問問之弗知弗措也有弗思思之弗得弗措也有弗辨辨之弗明弗措也有弗行行之弗篤弗措也人一能之己百之人十能之己千之果能此道矣雖愚必明雖柔必強自誠明謂之性自明誠謂之教誠則明矣明則誠矣唯天下至誠為能盡其性能盡其性則能盡人之性能盡人之性則能盡物之性能盡物之性則可以贊天地之化育可以贊天地之化育則可以與天地參矣其次致曲曲能有誠誠則形形則著著則明明則動動則變變則化唯天下至誠為能化至誠之道可以前知國家將興必有禎祥國家將亡必有妖孽見乎蓍龜動乎四體禍福將至善必先知之不善必先知之故至誠如神誠者自成也而道自道也誠者物之終始不誠無物是故君子誠之為貴誠者非自成己而已也所以成物也成己仁也成物知也性之德也合外內之道也故時措之宜也故至誠無息不息則久久則徵徵則悠遠悠遠則博厚博厚則高明博厚所以載物也高明所以覆物也悠久所以成物也博厚配地高明配天悠久無疆如此者不見而章不動而變無為而成天地之道可壹言而盡也其為物不貳則其生物不測天地之道博也厚也高也明也悠也久也今夫天斯昭昭之多及其無窮也日

月星辰繫焉萬物覆焉今夫地一撮土之多及其廣厚載華嶽而不重振河海而不洩萬物載焉今夫山一卷石之多及其廣大草木生之禽獸居之寶藏興焉今夫水一勺之多及其不測黿鼉蛟龍魚鱉生焉貨財殖焉詩曰維天之命於穆不已蓋曰天之所以為天也於乎不顯文王之德之純蓋曰文王之所以為文也純亦不已大哉聖人之道洋洋乎發育萬物峻極于天優優大哉禮儀三百威儀三千待其人而後行故曰苟不至德至道不凝焉故君子尊德性而道問學致廣大而盡精微極高明而道中庸溫故而知新敦厚以崇禮是故居上不驕為下不倍國有道其言足以興國無道其默足以容詩曰既明且哲以保其身其此之謂與子曰愚而好自用賤而好自專生乎今之世反古之道如此者烖及其身者也非天子不議禮不制度不考文今天下車同軌書同文行同倫雖有其位苟無其德不敢作禮樂焉雖有其德苟無其位亦不敢作禮樂焉子曰吾說夏禮杞不足徵也吾學殷禮有宋存焉吾學周禮今用之吾從周王天下有三重焉其寡過矣乎上焉者雖善無徵無徵不信不信民弗從下焉者雖善不尊不尊不信不信民弗從故君子之道本諸身徵諸庶民考諸三王而不繆建諸天地而不悖質諸鬼神而無疑百世以俟聖人而不惑質諸鬼神而無疑知天也百世以俟聖人而不惑知人也是故君子動而世為天下道行而世為天下法言而世為天下則遠之則有望近之則不厭詩曰在彼無惡在此無射庶幾夙夜以永終譽君子未有不如此而蚤有譽於天下者也仲尼祖述堯舜憲章文武上律天時下襲水土辟如天地之

無不持載無不覆幬辟如四時之錯行如日月之代明萬物並育而不相害道並行而不相悖小德川流大德敦化此天地之所以為大也唯天下至聖為能聰明睿知足以有臨也寬裕溫柔足以有容也發強剛毅足以有執也齊莊中正足以有敬也文理密察足以有別也溥博淵泉而時出之溥博如天淵泉如淵見而民莫不敬言而民莫不信行而民莫不說是以聲名洋溢乎中國施及蠻貊舟車所至人力所通天之所覆地之所載日月所照霜露所隊凡有血氣者莫不尊親故曰配天唯天下至誠為能經綸天下之大經立天下之大本知天地之化育夫焉有所倚肫肫其仁淵淵其淵浩浩其天苟不固聰明聖知達天德者其孰能知之詩曰衣錦尚絅惡其文之著也故君子之道闇然而日章小人之道的然而日亡君子之道淡而不厭簡而文溫而理知遠之近知風之自知微之顯可與入德矣詩云潛雖伏矣亦孔之昭故君子內省不疚無惡於志君子所不可及者其唯人之所不見乎詩云相在爾室尚不愧于屋漏故君子不動而敬不言而信詩曰奏假無言時靡有爭是故君子不賞而民勸不怒而民威於鈇鉞詩曰不顯惟德百辟其刑之是故君子篤恭而天下平詩云予懷明德不大聲以色子曰聲色之於以化民末也詩曰德輶如毛毛猶有倫上天之載無聲無臭至矣

哀公問
政子曰文武之政布在方策其人存
則其政舉其人亡則其政息人道敏
政地道敏樹夫政也者蒲盧也故為
政在人取人以身脩身以道脩道以
仁仁者人也親親為大義者宜也尊
賢為大親親之殺尊賢之等禮所生
也在下位不獲乎上民不可得而治
矣故君子不可以不脩身思脩身不

勸百姓也日省月試既廩稱事所以
勸百工也送往迎来嘉善而矜不能
所以柔遠人也繼絕世舉廢國治亂
持危朝聘以時厚往而薄来所以懷
諸侯也凡爲天下國家有九經所以
行之者一也凡事豫則立不豫則廢
言前定則不跲事前定則不困行前
定則不疚道前定則不窮在下位不

強而行之及其成功一也子曰好學
近乎知力行近乎仁知恥近乎勇知
斯三者則知所以脩身知所以脩身
則知所以治人知所以治人則知所
以治天下國家矣凡為天下國家有
九經曰脩身也尊賢也親親也敬大
臣也體羣臣也子庶民也來百工也
柔遠人也懷諸侯也脩身則道立尊

之審問之慎思之明辨之篤行之有
弗學學之弗能弗措也有弗問問之
弗知弗措也有弗思思之弗得弗措
也有弗辨辨之弗明弗措也有弗行
行之弗篤弗措也人一能之己百
人十能之己千之果能此道矣雖
必明雖柔必強

释文

哀公问／政子曰文武之政布在方策其人存／则其政举其人亡则其政息人道敏／政地道敏树夫政也者蒲卢也故
为／政在人取人以身脩身以道脩道以／仁仁者人也亲亲为大义者宜也尊／贤为大亲亲之杀尊贤之等礼所生／
也在下位不获乎上民不可得而治／矣故君子不可以不脩身思脩身不／可以不事亲思事亲不可以不知人思知人不
可以不知天天下之达道／五所以行之者三曰君臣也父子也／夫妇也昆弟也朋友之交也五者天／下之达道也知
仁勇三者天下之达／德也所以行之者一也或生而知之／或学而知之或困而知之及其知之／一也或安而行之或利
而行之或勉／强而行之及其成功一也子曰好学／近乎知力行近乎仁知耻近乎勇知／斯三者则知所以脩身知所以
脩身／则知所以治人知所以治人则知所／以治天下国家矣凡为天下国家有／九经曰脩身也尊贤也亲亲也敬大／
臣也体群臣也子庶民也来百工也／柔远人也怀诸侯也脩身则道立尊／贤则不惑亲亲则诸父昆弟不怨敬／大臣则
不眩体群臣则士之报礼重／子庶民则百姓劝来百工则财用足／柔远人则四方归之怀诸侯则天下／畏之齐明盛服
非礼不动所以脩身／也去谗远色贱货而贵德所以劝贤／也尊其位重其禄同其好恶所以劝／亲亲也官盛任使所以
劝大臣也忠／信重禄所以劝士也时使薄敛所以／劝百姓也日省月试既廪称事所以／劝百工也送往迎来嘉善而矜
不能／所以柔远人也继绝世举废国治乱／持危朝聘以时厚往而薄来所以怀／诸侯也凡为天下国家有九经所以／
行之者一也凡事豫则立不豫则废／言前定则不跲事前定则不困行前／定则不疚道前定则不穷在下位不／获乎上
民不可得而治矣获乎上有／道不信乎朋友不获乎上矣信乎朋／友有道不顺乎亲不信乎朋友矣顺／乎亲有道反诸
身不诚不顺乎亲矣／诚身有道不明乎善不诚乎身矣诚／者天之道也诚之者人之道也诚者／不勉而中不思而得从
容中道圣人／也诚之者择善而固执之者也博学／之审问之慎思之明辨之笃行之有／弗学学之弗能弗措也有弗问
问之／弗知弗措也有弗思思之弗得弗措／也有弗辨辨之弗明弗措也有弗行／行之弗笃弗措也人一能之己百之／
人十能之己千之果能此道矣虽愚／必明虽柔必强

可以不事親事親不可以不知人
思知人不可以不知天天下之達道
五所以行之者三曰君臣也父子也
夫婦也昆弟也朋友之交也五者天
下之達道也知仁勇三者天下之達
德也所以行之者一也或生而知之
或學而知之或困而知之及其知之
一也或安而行之或利而行之或勉

獲乎上民不可得而治矣獲乎上有
道不信乎朋友不獲乎上矣信乎朋
友有道不順乎親不信乎朋友矣順
乎親有道反諸身不誠不順乎親矣
誠身有道不明乎善不誠乎身矣誠
者天之道也誠之者人之道也誠者
不勉而中不思而得從容中道聖人
也誠之者擇善而固執之者也博學

南宋《御书石经》的书法艺术分析

乜小涵（中国美术学院）

关于南宋太学石经的名称，历代虽多有不同的表述，或谓“绍兴御书石经”“宋高宗御书石经”“南宋太学高宗御书石经残碑”等，但均强调了其作为七朝石经中唯一由皇帝御书的特征。宋高宗以翰墨之事为雅好，石经作为他的代表作之一，其书法艺术也历来为书家所重。为突出其书法意义，本文取其共性，称为《御书石经》，并从历代题咏、宋高宗及其取法观的角度，分析石经书风的特征、渊源与影响。

一、历代题咏中对《御书石经》的书风描述

刊刻石经是中国古代封建统治者的文治方式，客观上有着规范汉字字体、书风的功能，并常被用于刊正典籍。在七朝石经中，熹平石经、正始石经、北宋石经均损毁严重，蜀石经毁于宋元之际战火中。仅有南宋石经、开成石经和清石经尚留存一定规模的碑石。南宋太学石经作为七朝石经中唯一由皇帝御书的石经，又以其年代较久远、保存情况较好，显得尤为珍贵。

历代不乏对南宋《御书石经》的题咏，关于其书艺的讨论，是题咏中的重要内容。从这些题咏之中，可以看到明清各家对《御书石经》书风的理解与接受情况，为今天对宋高宗此作书风之源流的讨论提供更多参考。

现存南宋《御书石经》残碑之后，录有吴讷《石经歌》一首：

> 投戈讲艺事经术，诸经语孟咸亲书。字形仅比《黄庭》小，楷法欲与争先驱。宸章赫奕丽霄汉，鸾翔凤翥昭神谟。……岐阳之鼓久已没，东都石经今亦无。俗流爱好《兰亭》刻，视此何啻天渊殊。[1]

此诗作于宣德二年（1427），诗中记录了时任巡按浙江监察御史的吴讷嘱咐

1 〔清〕阮元《两浙金石志》，浙江古籍出版社，2012年，第181页。

杭州知府卢玉润收集南宋石经，并加以修补后存放在仁和县学旁孔庙大成殿后及两庑一事。诗歌中将石经与王羲之《黄庭经》《兰亭序》两件书作较短絜长，也在言语之外点明了宋高宗《御书石经》书风的取法来源。宋高宗推崇《兰亭序》的记载历来有之，关于他对《黄庭经》的临习，在清代顾复《平生壮观》中记录有二[1]：其一，宋高宗临《黄庭经》绢本，"虽临摹右军，而带《内景经》笔法，反觉有生趣"，并录明代丰坊在《真赏斋赋》的评价："居九重，而临写夺真者也"；其二，宋高宗临《黄庭经》纸本（邵亨贞跋本），"字同绢本法"。可见，吴氏题咏所列举的法帖并非空穴来风，而确是从宋高宗的取法而论的。另外，"俗流爱好《兰亭》刻，视此何啻天渊殊"一句中，提到在当时因《兰亭》摹刻失真，存在流弊，而宋高宗《御书石经》中对王羲之书风取法不落俗套，可以对当时的学书者有所启发。

明宣德年间的这次收集与修复，共得石经全碑及残损碑石百余片，使南宋《御书石经》从"岁深零落，卧草莽间"到重睹天日。至清代时，随着朴学的兴起，南宋的石经残碑更加广泛地进入文人的视野当中，一时间文人对《御书石经》多有论著、题咏，既考证经典，也谈及其书法面目。

孔继涵（1739—1784）在其所著《红榈书屋诗集》中有《宋太学石经记》一文，对石经的保存、流传及移置情况考证详实，并题有《宋高宗御书石经诗》一首：

> 思陵昔御宇，画江作藩蔽。倥偬戎马间，绻经课书字。秘阁示百辟，庄凝富圣制。钩摹镌贞琰，国学添壮丽。楷法章草兼，意欲压籀隶。铁画日丽天，圣经岳镇地。[2]

诗中以"楷法章草兼，意欲压籀隶"描述《御书石经》的书风，认为其小楷藏头护尾，含籀、隶笔意，正如梁武帝等评价钟繇、王羲之小楷所说的"云鹤游天""群鸿戏海"以及"行间茂密"这一路未脱去隶意、质朴自然的书风。这种楷法兼含章草的描述还在胡敬（1769—1845）的《绍兴石经》一诗中也有所体现：

> 金莲烛爇凭束缊，乐此不疲宁倦勤。金赙玉蹬陈纷纭，千番辟蠹流香芸。侧厘纸滑麋丸芬，衰钞不惮十指皲。真书酷摩王右军，杂以章草姿氤氲。[3]

1 〔清〕顾复《平生壮观》卷三，清抄本。

2 〔清〕孔继涵《红榈书屋诗集》，《续修四库全书》第1460册，上海古籍出版社，2002年，第432—433页。

3 〔清〕胡敬《崇雅堂文钞》卷二，清道光二十六年刻本。

胡敬认为宋高宗楷书师法王羲之可谓心摹手追、亦步亦趋，与此同时还结合章草的笔法、结字。由孔、胡二人的描述，再观照《御书石经》中的小楷书风，可知宋高宗的小楷，其实并非单一从钟、王而来，他还通过练习章草，以追求其中的籀隶之意、高古之气，这种“转益多师”的学书观念也是宋高宗形成独特个人小楷书风的内在因素。

《御书石经》虽称宋高宗御书，但据叶绍翁《四朝闻见录》中“上亲御翰墨，稍倦，即命宪圣续书”[1]，可知《御书石经》中有一部分是吴皇后所书，且几乎可以乱真，无从分辨。在讨论《御书石经》的书法艺术时，作为书者之一的吴皇后同样是话题之一，这在清代翁方纲（1733—1818）、冯志沂（1814—1867）的几首题咏中也能略见一二：

> 小楷庄年传夏秋，田车豕立诧齐侯。可怜南渡宫中笔，亦熟麟经大复雠。
> 中宫女史擅《兰亭》，直到光宁说典型。绝胜内家杨妹子，墨痕一角远山青。
>
> ——翁方纲《绍兴石经左氏传旧拓残本》二首[2]

> 绍兴残石珍片羽，楮色斑斓墨花古。几余宸翰写遗经，傥不忘雠真令主。
> 谁言六籍无神灵，能以偏隅抗骄虏。中宫书翰尤绝伦，曾写《兰亭》能逼真。
>
> ——冯志沂《绍兴石经残本》[3]

“中宫”指吴皇后，《宋史》载其博习书史，擅翰墨。吴皇后书名在宫中曾很长一段时间作为典范，诗中“杨妹子”是宁宗杨皇后，亦工书，翁方纲赞称吴皇后善书，绝胜于杨皇后。冯、翁二人均提到吴皇后书法学《兰亭序》，这大抵是受高宗取法王羲之的影响。南宋桑世昌在《兰亭博议》中称吴皇后：“尤爱《兰亭》，常作小楷一本，全是王体，流传内外。”[4]可见吴皇后于小楷、行书二体均取法王羲之，师法文脉与高宗相同，且临池不辍，虽未形成个人风貌，但保证了《御书石经》整件巨幅书作的完整性和艺术水平。

《御书石经》是七朝石经中唯一由帝后亲自手书的，洋洋洒洒三十余万字，并以书学正统的“二王”一脉书风来表现儒家经典，使石经兼具文献与艺术双重价值。在历代关于《御书石经》的题咏中，虽然作者大都扼腕于宋室南渡之事，但是

---

1 〔宋〕叶绍翁《四朝闻见录》乙集，中华书局，1989年，第52页。

2 〔清〕翁方纲《复初斋诗集》卷三十五，清刻本。

3 〔清〕冯志沂《微尚斋诗集初编》卷三，清同治九年刻西隃山房集本。

4 〔宋〕桑世昌《兰亭博议》，见录于〔清〕李光映《金石文考略》卷三，四库全书本。

对宋高宗的书法艺术也客观地提出赞许，并对其中的师承关系提出了不同的见解，或将石经书风与《黄庭经》《兰亭序》类比，或与章草相联系，或兼谈吴皇后书法，都是看待其书法艺术时引人深思的视角。

二、从宋高宗的临池、赐书看其“崇王”观

自宋太宗刊刻《淳化阁帖》后，宋代帝王便一直延续着对钟、王书法有所偏爱的书学传统，这一家族式的传承，对身为宗室子弟的赵构影响颇深。赵构早年在其父宋徽宗赵佶的影响下，耳濡目染，喜好书法。关于他的取法经历，杨万里（1127—1206）在《诚斋诗话》[1] 中称“初作黄字”，“后作米字”，“最后作孙过庭字”，方爱龙在《赵构书法评传》[2] 中认为赵构这三个学书经历并非完全割裂、前此后彼的，而应当是在取法黄庭坚、米芾二人的同时，就已经涉猎“二王”法书了。

《御书石经》各篇经书的书写时间，在《玉海》中载《尚书》为绍兴十三年（1143）、十四年（1144）分两次出，《毛诗》《论语》《孟子》《春秋左传》则是绍兴十六年（1146）出。太学石经的刊刻历经高宗、孝宗两朝，最终在淳熙四年（1177）完成。因而，《御书石经》的书写时间跨度较长，且并非宋高宗一时一地之作，但宋高宗的书学观念和书法实践，直接左右着《御书石经》的书法面目。

《御书石经》的书写期间，宋高宗的书学观念集中表现为“崇王（王羲之）”，这一观念在他的论书中可见一斑。绍兴十年（1140）十一月，宋高宗称：“学书必以钟、王为法。然后出入变化，自成一家。”这一年，他又于《复古殿兰亭赞》中称：“论学书，先写正书、次行、次草，《兰亭》《乐毅》赐汝，先各写五百本，然后写草书。”[3] 此时他认为学书应并以钟繇、王羲之为宗，也是这一时期，宋高宗潜心研学钟、王法书，开始形成个人风貌。

宋高宗的“崇王”观与书法实践互为表里，相辅相成，他对“二王”法帖心追手摹，临池不辍，一方面精进自身书艺，另一方面“欲鼓动士类，为一代操觚之盛”。南宋王应麟（1223—1296）在《玉海》卷三十四[4] 中，记载了绍兴年间（1131—1162），宋高宗多次以临习之作与所写经书颁赐近臣之事，有下列几次：

---

1 〔宋〕杨万里《诚斋诗话》，四库全书本。

2 方爱龙《赵构书法评传》，《中国书法》2000 年第 5 期，第 29—34 页。

3 〔宋〕桑世昌《兰亭考》卷二，四库全书本。

4 〔宋〕王应麟《玉海》卷三十四，四库全书本。

1. 绍兴五年九月二十日，赐赵鼎御书《尚书》一部。

2. 五年九月己丑，赐新及第汪应辰以下御书石刻《中庸篇》，廷试毕赐御书自此始。

3. 五年十月三日壬寅，书《车攻诗》赐宰臣赵鼎等。

4. 五年十月庚戌，右相张浚入见，上亲书《周易》“否”“泰”卦，赐之。

5. 七年九月戊寅，赐御书秦桧《羊祜传》，沈与求《车攻诗》，吕颐浩《乐毅论》，向子諲《孝经》《兰亭记》。

6. 七年十二月十一日，论辅臣曰刘光世喜书，前日来乞朕所临《兰亭叙》，亦以一本赐之。

7. 九年六月辛丑，书《孝经》赐秦桧。十三日庚戌，秦桧乞以所赐御书真草《孝经》刻之金石。

8. 十年五月十六日，御书《中庸》赐秦桧。

9. 绍兴中，临王羲之所书《乐毅论》赐枢臣韩侂胄，周必大贰大政，入谢德寿殿，赐御书《千文》。

10. 十二年，赐陈诚之《周官》。

11. 十八年六月，御书《儒行篇》赐进士王佐等。

12. 二十一年五月，赐赵达等《大学》。

13. 二十四年，赐张孝祥等《皋陶谟》。

14. 二十七年，赐王十朋等《学记》。

15. 三十年四月，赐梁克家《经解篇》，是时，所赐止是。

宋高宗颁赐御书，常以自己的临作赐之，且所临大多为“二王”法书，结合如今《御书石经》的风貌来看，他抄录的儒家经典也应是以“二王”书风为主。宋高宗通过赐书的行为，将自己的书法审美和书学观念向下传播，提倡近臣取法“二王”，在南宋的士大夫阶层中掀起“崇王”的风气，产生了自上而下的积极影响。除此之外，宋高宗又以所书经文宣示馆职，臣子们遂以御书请刻诸碑石，立于太学。除却其中的政治因素不谈，这种上下之间的互动，对宋高宗的“崇王”观以及“二王”书风的传播，是良性且积极的，并且在书法史中具备一定的典型性。

三、《御书石经》与钟、王法书的关联

现存《御书石经》碑石以小楷、行楷为主要书体，《周易》《尚书》《毛诗》《春秋》《中庸》由小楷书之，为典型的钟、王小楷书风；《论语》《孟子》则以

行楷书之，结字多取自《兰亭》。上一节从宋高宗的阐论、临池及赐书的角度讨论他的“崇王”观念，钟、王法书也多次出现在文献当中，这些书作可以作为切入点，来关照《御书石经》对钟、王的取法。

前文所列文献中，宋高宗赐枢臣韩氏的《乐毅论》临本，南宋周必大（1126—1204）对其有《御书〈乐毅论〉跋》称宋高宗“魏晋以来笔法，无不临摹”，刘克庄（1187—1269）也曾过眼此《乐毅论》临本，跋曰：“《乐毅论》乃楷法所从出”，又跋高宗所临《兰亭》：

> 字至《兰亭》，毫发无遗憾矣！然艺不习则不工，虽右军犹不免于临池，辨才年八十余，日临数本。能积勤，然后能绝妙，非偶然偶名也。光尧以万机之余闲，备八法之能事，前人名笔，鲜不摹拟，而所临《禊帖》尤多……[1]

从周、刘二人为宋高宗宸翰所作题跋中，可以看到《乐毅论》《兰亭序》二帖与宋高宗书法面貌渊源颇深。推知宋高宗在写《御书石经》时，对王羲之的临写和日常书写中的“二王”书风可谓融会贯通。

此外，顾复《平生壮观》中记载了两件宋高宗的小楷作品[2]，并对各作风格有较为具体的描述，可补充前人对宋高宗小楷的研究。其一，宋高宗书《诗经》四卷，高宗每写一段，马和之补图于后。吴其贞《书画记》中称此卷：“宋高宗楷书书其诗文，运笔遒劲，宗于《宣示表》。”其二，宋高宗《书〈徽宗御集〉序》，作于绍兴二十四年（1154），后有胡三省、袁桷、文徵明及文嘉跋，“楷书如指，端谨有《曹娥碑》意”。这些书作，再一次印证了宋高宗的楷书由钟、王小楷而来，书风介于钟繇《宣示表》、王羲之《乐毅论》之间，并形成了一定的个人风貌。

《御书石经》的《周易》《尚书》《毛诗》《春秋》《中庸》几篇是历来公认的宋高宗小楷代表之作，且具有一定的体量，是了解这一时期宋高宗小楷书风的珍贵资料。有关《论语》《孟子》对《兰亭序》行书结字的取法，前人研究较为完备，笔者不再赘述，主要关注于上述文献中对宋高宗小楷的记载，将钟繇《宣示表》、王羲之《乐毅论》与《御书石经》相关小楷篇目对比，可以直观地看到其对钟、王小楷的取舍（表1）。

1 〔宋〕刘克庄《后村集》卷一百三，四部丛刊景旧钞本。

2 〔清〕顾复《平生壮观》卷三，清抄本。

表1　石经《毛诗》《中庸》与《宣示表》《乐毅论》撷字对比

	为	之	今	无	事	诚（城）
《御书石经》		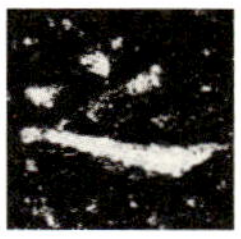				
《宣示表》						
《乐毅论》						

通过具体字形的对比可以看出，宋高宗《御书石经》的书风与钟、王小楷既有相通之处，但又有所发展。首先，其用笔以藏锋居多，得钟、王书风之温润，含蓄典雅，耐人寻味；而在结体上，宋高宗也吸收了隋唐楷书尤其是智永、虞世南的书风特征，字形相对拉长，字内空间更加疏朗，同时字势变平，显得更加平实稳重，与钟、王小楷又有所差别。这种书风上的继承与发展，充分体现出宋高宗对钟、王小楷的渊源有着深入的认识和实践，他不仅取法钟、王的书迹，也同样关注这路书风的演变与流传，学书视野开阔，所以才能“出入变化，自成一家”。

以往对《御书石经》的研究中，多从宋高宗推崇《兰亭序》的角度来看待其书法风格，并认为《兰亭序》是此碑书风的直接来源。但需要注意的是，《御书石经》的书体以小楷为主，行书的占比较少，后世对《御书石经》的书风描述，常将其小楷的面貌与钟、王小楷作类比和联系，这样的联系并非牵强附会。笔者通过以上对宋高宗书写《御书石经》前后相关记载的梳理，加以比较《御书石经》与钟、王小楷的异同，使得二者之渊源关系更加清晰，进而可以更加全面地理解此碑的书法艺术。

结 语

综上所述，南宋《御书石经》是宋高宗在“崇王”观念下，书风面貌的一次集中展现。《御书石经》的书写前后，宋高宗多次以颁赐御书经典的方式，建立起帝王与朝臣间的书学交流，并将师法钟、王的观念散播开来。《御书石经》的立碑、拓印与颁赐州学等政策，使宋高宗的书法与其背后的取法观，一同成为当时的“书学教材”，影响着南宋书坛。这虽然不足以扭转当时效仿北宋书家的风气，但却可以视为元代“复古”潮流的先声。

孔子及七十二弟子像赞

赞，古代文学体裁之一，一般用于颂扬，多以韵文写成。北宋《文苑英华》中将历代赞文收录为六类，其中“圣贤赞”为其中之一，是以古帝、良臣、隐者、高士为称赞对象的赞体文，后演变为赞美儒家所推崇的圣者贤人的专用文体，常用于祭孔典礼、天子幸学等重要场合。

隋唐实行科举选才制度，对儒学创始人孔子及其弟子倍加推崇。唐贞观二年（628），唐太宗李世民诏周公为“先圣”，令国学专立孔庙，进封孔子为“先圣”。开元二十七年（739），唐玄宗李隆基追封孔子为“文宣王”，并亲制《颜子赞》，开启了帝王御制圣贤赞的先河。

宋代帝王“与士大夫共治天下”，推崇儒家胜过前代。据《宋史》记载，宋太祖赵匡胤承袭唐制度，于孔庙内塑先圣、亚圣、十哲像，画七十二贤及先儒二十一人像于东西之木壁，并亲撰《先圣赞》《亚圣赞》，同时命文臣撰写十哲以下赞文。北宋大中祥符元年（1008），宋真宗赵恒取《庄子》“玄圣素王之道也”语义，追封孔子为“玄圣文宣王”。二年（1009），追封十哲为公，七十二弟子为侯，先儒为伯或赠官，亲制《玄圣文宣王赞》，并命宰相等撰写颜子以下赞辞。

宋室南渡，为消弭绍兴议和带来的舆论压力，宋高宗赵构承袭赵宋祖宗文治传统，复兴儒学，试图在“道统”上将君与师、学与官融于一体，御制、御书孔子及七十二弟子赞辞并刻石，拨正儒家学说异端，劝勉太学及各地儒生忠于君师，学成以为朝廷所用。杭州孔庙碑林所藏的南宋像赞石刻正是赵构在绍兴年间复兴儒学的实物遗存之一，也是迄今为止我国现存最早的御制御书像赞石刻。

孔子及七十二弟子像赞

石刻始刻于南宋绍兴二十五年（1155），刻成于次年十二月。原计15石，现存14石，第七、九、十四石残缺，第十石佚失，其余保存基本完整。刻石呈长方形，尺寸相同，均为高45.5厘米，宽125厘米，厚20厘米。

所刻内容为南宋高宗赵构御制并书《宣圣七十二贤赞并序》、北宋李公麟绘《宣圣七十二贤像》，形式上采用平列式构图，横向以铺展的人物绘像为中心，文字竖向错位排列：前为赵构楷书序文，计7行90字，字径约1厘米；其后为孔子及七十二弟子绘像，每一像旁上御书人物介绍，楷体，计2行，字径同序文大小，第1行为名、字、籍贯，第2行为追谥爵号；中下御书赞辞，楷体，2至3行不等，字径较简介略小；最后钤“御书之宝”叠篆方印。

第一石

第二石

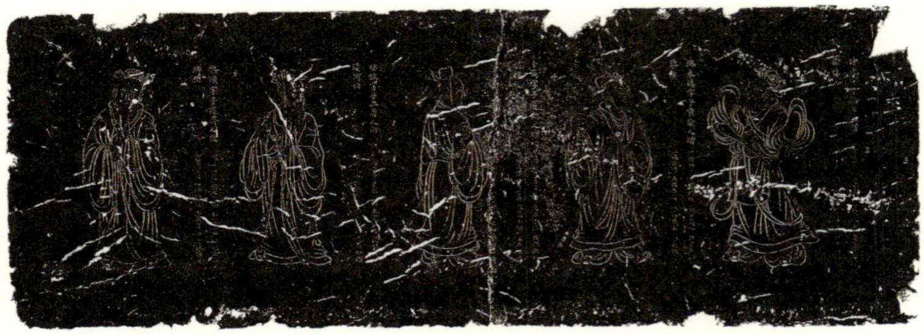

第三石

第四石

第一石刻赵构序文、孔子、颜回及闵损绘像、介绍及赞辞，后13石为冉雍至秦冉绘像、简介及赞辞，每石5至6人不等，最后1石为第七十二弟子乐欬。原刻人物绘像73例，现存65例，除孔子为坐像外，弟子均为立像。

像赞后原刻有秦桧跋文《宣圣七十二贤赞像记》，明宣德二年（1427）巡按浙江监察御史吴讷不齿秦桧指“忠义之言”为“狙诈权谲”之论，磨去其文，并题识说明原委，覆刻于上，秦桧原文收录入吴讷个人文集中。题识正文计20行，楷体，字径约1.5厘米，后跟刻落款2行，楷体，字径较正文略小。最后刻有清顺治、嘉庆、道光年间重整题记、观款，计4行，楷体，字径大小不一，较吴讷题识正文略小。

第五石

第六石

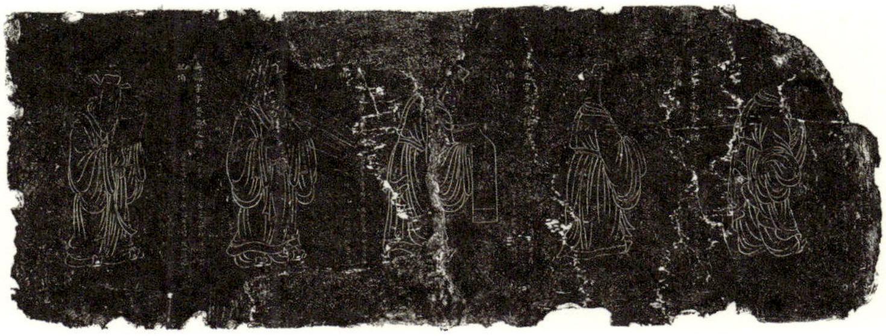

第七石

第八石

第九石

第十石

第十一石

据《咸淳临安志》等史料记载，绍兴十四年（1144）三月，赵构亲谒太学，行释奠礼。六日后，撰并御书《宣圣赞》（即《文宣王赞》），命置于大成殿，后用于释奠礼时歌咏。赵构利用“机政余闲”，撰成《七十二贤赞》。绍兴二十五年（1155），赵构并两赞为《圣贤赞》，并亲笔御书，付临安府刻石。次年十二月刻成，立于太学，刻本颁赐各学，以“广列圣崇儒右文之声”。至元代，太学改为西湖书院，历经数次重建，石刻废置，埋没于乱石荒草之中。明洪武十一年（1378），书院改为仁和县学。宣德二年（1427），巡按吴讷重整石刻，置于县学之内。明正德十二年（1517），巡按宋廷佐将其移至杭州府学尊经阁内。后历经清、民国至今，虽有重整、移置，但石刻均未迁移他处。

石刻《圣贤赞》底本出自御书墨迹，高度还原了赵构流畅的楷书神貌。御制的《圣贤赞》叙述人物事迹、点评圣贤品行，四字一句，押韵成文，除孔子赞为十二句外，其余均为八句。其前赵构序文叙述了撰制赞辞的缘由、经过及目的，其后秦桧跋文阐述了赵构所制赞辞的必要性及现实意义，其刻石及传播的过程反映了南宋初期在文化与思想上的众多历史史实，具有极高的历史研究价值。

李公麟（1049—1106），字伯时，号龙眠居士、龙眠山人，北宋著名画

第十二石

第十三石

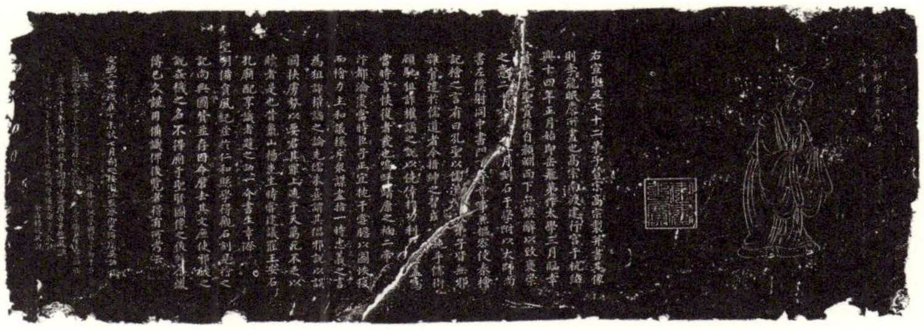

第十四石

家。精于临摹，绘画才能全面，道释、人物、鞍马、宫室、山水、花鸟等无所不能，传世真迹有《五马图》《临韦偃牧放图》《孝经图》《免胄图》等，苏东坡称其“神与万物交，智与百工通”。他将过去仅作为粉本的白描画稿，确立为白描创作，其“扫去粉黛、淡毫轻墨、高雅超逸”的风格，被后人称为“天下绝艺”。此组石刻画像极为罕见，史书鲜有记载，正是李公麟高超技法的具象展现，其笔法精湛、构图独到，用“白描”的技巧传神刻画了七十三位圣贤的内在风骨，极为鲜明地印证了《宣和画谱》中关于李公麟人物画“分别状貌”的评价，具有极高的艺术鉴赏与实证价值。

制赞刻石是以赵构为核心的南宋中兴崇儒右文的举措之一，孔子及七十二弟子图赞并序石刻与太学石经同立太学，其刊刻时间也与太学石经刊刻相距不远，可谓石经刊刻的补充与延续，也是秦桧为相时的政绩工程之一。石经后的秦桧题跋多被后人破坏，鲜有相关记录，而明代吴讷以巡按浙江监察御史的身份磨去秦桧跋文，整顿风气，并附以题识说明原因，明确表示了后人对秦桧陷害忠良、邪说误国的价值判断，反映了中华传统文化中“忠君爱国”的主流意识形态，此组石刻是这类形态的实物见证，具有极高的社会与文化价值。

颜回，字子渊，鲁人，赠兖公。

德行首科，显冠学徒，不迁不贰，乐道以居。／食埃甚忠，在陋自如，宜称贤哉，岂止不愚。

闵损，字子骞，鲁人，赠费侯。

天经地义，孝哉闵骞，父母昆弟，莫间其言。／污君不仕，志气轩轩，复我汶上，出处休焉。

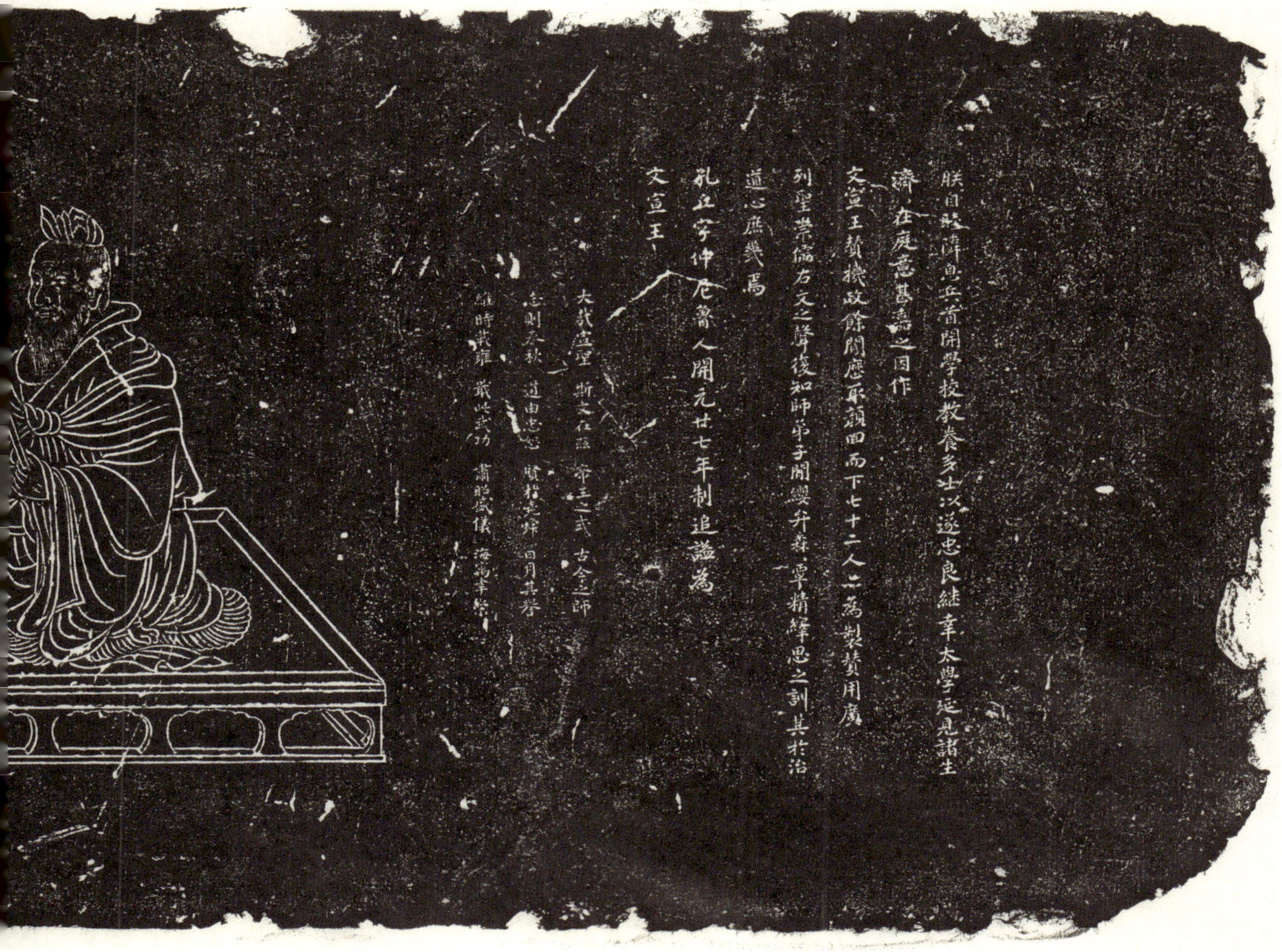

第一石

碑文十四行，楷书，刻像三人。碑文前五行为宋高宗序，记叙了他对教育的重视以及为孔子及七十二弟子作赞的经过和要义。后为宋高宗题赞孔子、颜回和闵损。

释文

朕自睦邻息兵，首开学校，教养多士，以遂忠良。继幸太学，延见诸生，／济济在庭，意甚嘉之，因作／文宣王赞。机政余闲，历取颜回而下七十二人，亦为制赞。用广／列圣崇儒右文之声，复知师、弟子间缨弁森森，覃精绎思之训。其于治／道，心庶几焉。

孔丘，字仲尼，鲁人，开元廿七年制追谥为／文宣王。

大哉宣圣，斯文在兹，帝王之式，古今之师。／志则春秋，道由忠恕，贤于尧舜，日月其誉。／维时载雍，戢此武功，肃昭盛仪，海寓聿崇。

言偃，字子游，吴人，赠一吴侯。
道义正己，文学擅科，为宰武城，聊以弦歌。/
割鸡之试，牛刀谓何，前言戏尔，博约则多。

宰予，字子我，鲁人，赠一齐侯。
辩以饰诈，言以致文，苟弗执礼，宜莫释纷。/
朽木粪墙，置不足云，言语之科，烨然有闻。

第二石

碑文十行，楷书，刻像五人。碑文内容为宋高宗题赞冉雍、冉耕、冉求、言偃和宰予。

释文

冉雍，字仲弓，鲁人，赠／薛侯。

懿德贤行，有一则尊，子也履之，成性存存。／骍角有用，犁牛莫论，刑政之言，惠施元元。

冉耕，字伯牛，鲁人，赠／郓侯。

德以充性，行以澡身，二事在躬，日跻而新。／并驱贤科，得颜与邻，不幸斯疾，命也莫伸。

冉求，字子有，鲁人，赠／徐侯。

循良之要，在于有政，可使为宰，千室百乘。／师门育材，治心扶性，退则进之，琢磨之柄。

林放，字子丘，鲁人，赠一清河伯。
礼之有本，子能登问，大哉斯言，
光昭明训。一德辉泰山，诬祭莫□，
崇兹祀典，盍永令闻。

樊须，字子迟，齐人，赠一樊伯。
养才以道，圣人兼济，始谓不仁，
问鲍良善。一寓志农圃，似暌仁义，
学稼之辞，岂姑□是。

第三石

碑文十行，楷书，刻像五人。碑文内容为宋高宗题赞仲由、端木赐、卜商、林放和樊须。

释文

仲由，字子路，卞人，赠一卫侯。

升堂惟光，千乘惟权，陵暴知非，委质可贤。一折狱言简，结缨礼全，恶言不耳，仲尼赖焉。

端木赐，字子贡，卫人，赠一黎侯。

谦德知二，器实瑚琏，动必机先，孰并其辩。一一使存鲁，五国有变，终相其主，誉处悠远。

卜商，字子夏，卫人，赠一魏侯。

文学之目，名重一时，为君子儒，作魏侯师。一不可复礼，始可言诗，假盖小嫌，圣亦不疵。

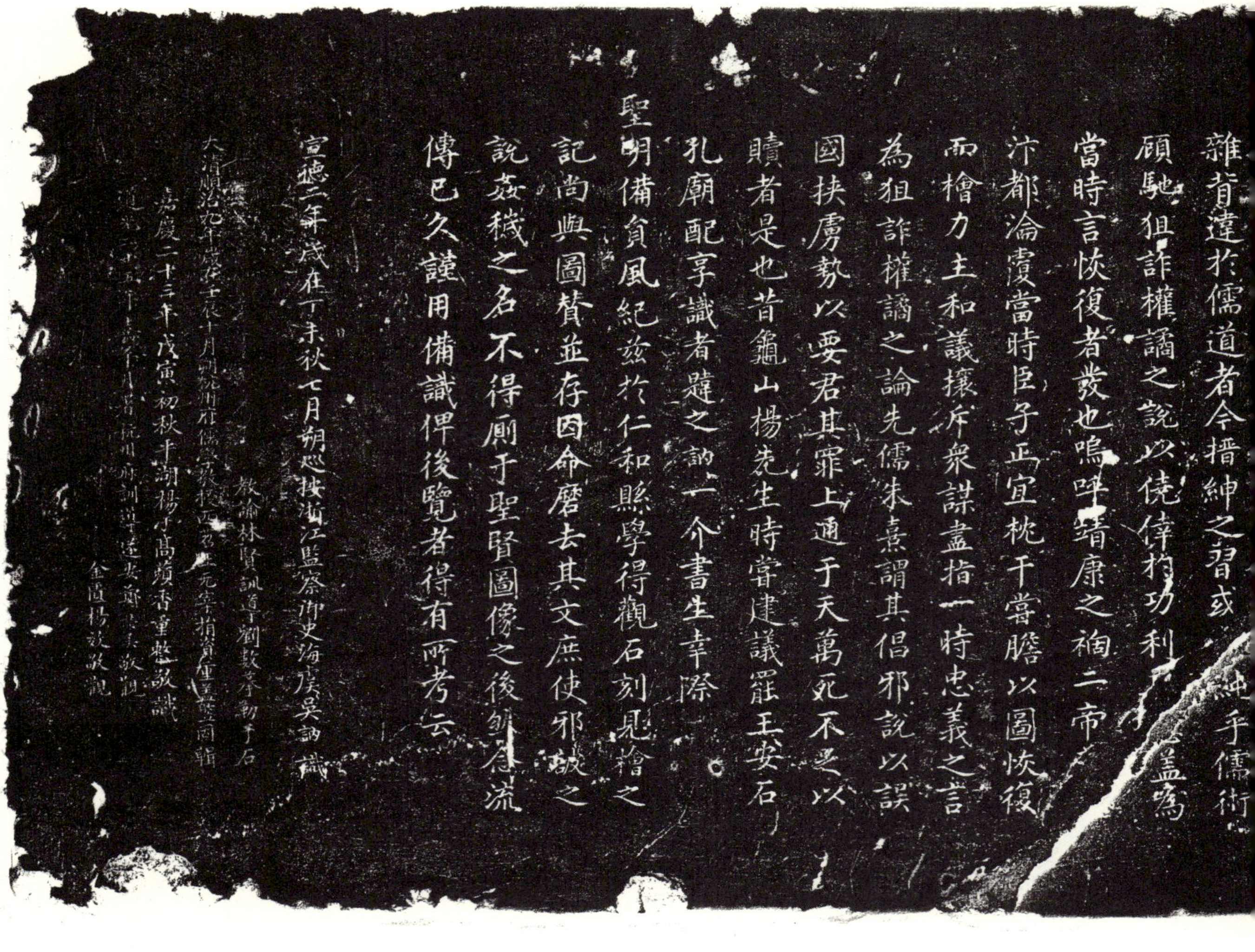
雜背違於儒道者今搢紳之習或天純乎儒術
顧馳狙詐權譎之說以僥倖於功利其意蓋爲
當時言恢復者發也嗚呼靖康之禍二帝蒙塵
汴都淪覆當時臣子正宜枕干嘗膽以圖恢復
而檜力主和議攘斥衆謀盡指一時忠義之言
爲狙詐權譎之論先儒朱熹謂其倡邪說以誤
國挾虜勢以要君其罪上通于天萬死不足以
贖者是也昔龜山楊先生時嘗建議罷王安石
孔廟配享識者韙之訥一介書生幸際
聖明備員風紀茲於仁和縣學得觀石刻見檜之
記尚與圖贊並存因命磨去其文庶使邪詖之
說姦穢之名不得廁于聖賢圖像之後然念流
傳已久謹用備識俾後覽者得有所考云
宣德二年歲在丁未秋七月朔巡按浙江監察御史海虞吳訥識
教諭林賢訓導劉數摹勒于石
大清順治九年歲在壬辰十月朔杭州府儒學教授西蜀王元宰捐資重蓋豎固輯
嘉慶二十三年戊寅初秋平湖楊子高頻香重整敬識
道光二十五年嘉平月署杭州府訓導遂安鄭榮美敬觀
金匱楊效敬觀

像/则李龙眠摹所画也。高宗南渡，建行宫于杭。绍/兴十四年正月，始即岳飞第作太学。三月临幸，/首制先圣赞，后自颜渊而下亦撰辞以致褒崇/之意。二十六年[十][二]月刻石于学，附以太师、尚/书左仆射、同中书门下平章事兼枢密使秦桧/记。桧之言有曰：『孔圣以儒道[设][教]，弟子皆无邪/杂背违于儒道者。今搢绅之习，或[天]纯乎儒术，/顾驰狙诈权谲之说，以侥幸于功利。』[其][意]盖为/当时言恢复者发也。呜呼！靖康之祸，二帝[蒙][尘]，/汴都沦覆，当时臣子，正宜枕干尝胆，以图恢复，/而桧力主和议，攘斥众谋，尽指一时忠义之言/为狙诈权谲之论。先儒朱熹谓其倡邪说以误/国，挟虏势以要君，其罪上通于天，万死不足以/赎者，是也。昔龟山杨先生时尝建议罢王安石/孔庙配享，识者韪之。讷一介书生，幸际/圣明，备员风纪。兹于仁和县学得观石刻，见桧之/记尚与图赞并存，因命磨去其文，庶使邪诐之/说、奸秽之名不得厕于圣贤图像之后。然念流/传已久，谨用备识，俾后览者得有所考云。/宣德二年岁在丁未秋七月朔，巡按浙江监察御史海虞吴讷识。/教谕林贤训导刘数摹勒于石。/大清顺治九年岁在壬辰十月朔，杭州府儒学教授西蜀王元宰捐资重盖竖固辑。/嘉庆二十三年戊寅初秋，平湖杨子高频香重整敬识。/道光二十五年嘉平月，署杭州府训导遂安郑荣美敬观、/金匮杨效敬观。

樂欬字子聲
昌平伯
右宣聖及七十二弟子贊宋高宗製并書其像
則李龍眠麐所畫也高宗南渡建行宮于杭紹
興十四年正月始即岳飛第作太學三月臨幸
首製先聖贊後自顏淵而下亦譔辭以致褒崇
月刻石于學附以太師尚

第十五石

碑文二十八行，楷书，刻像一人。碑文前两行刻宋高宗题赞乐欬，后为明宣德二年（一四二七）吴讷题识，由刘数刻石。题识讲述了碑石的由来，并说明图赞后原有秦桧的题记，因不耻其为人而磨去，题识备考。题识后还有清顺治、嘉庆、道光年间关于碑石重竖、重整等内容的记载。

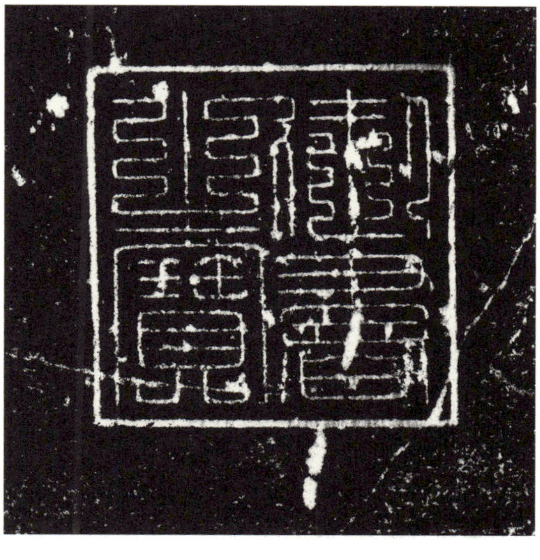

释文

乐欬，字子声，赠/昌平伯。

乐氏子声，锡爵昌平，信道之笃，见善乃明。/

大哉宣聖 斯文在茲 帝王之式 古今之師
志則春秋 道由忠恕 賢於堯舜 日月其譽
維時載雍 戢此武功 肅昭盛儀 海宇聿崇

《孔子及七十二弟子像赞》之孔子

《孔子及七十二弟子像赞》之颜回

《孔子及七十二弟子像赞》之闵损

《孔子及七十二弟子像赞》之冉雍

《孔子及七十二弟子像赞》之冉耕

《孔子及七十二弟子像赞》之冉求

《孔子及七十二弟子像赞》之言偃

《孔子及七十二弟子像赞》之宰予

《孔子及七十二弟子像赞》之仲由

《孔子及七十二弟子像赞》之端木赐

《孔子及七十二弟子像赞》之卜商

南宋《孔子及七十二弟子像赞》石刻人物形象及艺术风格分析

许　力（中央美术学院）
孔　蓓（深圳大学）

杭州孔庙碑林藏《孔子及七十二弟子像赞》（又名《宣圣及七十二弟子赞》[1]《宋高宗圣贤像赞》[2]）石刻，由宋高宗赵构于绍兴二十六年（1156）敕令立石于太学。石刻制作精良，以宋高宗御制小楷序文始，下及孔子与七十二弟子御书赞辞，以白描阴线单刻的手法呈现人物图像，线条紧劲连绵，气息文雅，传为李公麟所绘，现对石刻所存人物形象、艺术风格及相关问题分析如下。

一、人物形象描述

石刻原有人物73位，现存人物65位，除孔子为榻上坐像，众弟子皆为立像，且多为3/4侧面像，1/2侧面像其次，个别为正面像，仅1人为全背面像（见附表1）。

居首位的孔子（图1），戴幞头，着宽袖儒服，衣带飘逸。左手握住如意底端，右手拇指与食指相捻，端坐于方形榻上。其面部线条柔和，须眉生动，额上、眼角与面颊的皱纹显示其年长于众弟子。此孔子像整体形态呈现向右侧，即弟子方向的开放状，眼神亦朝相同方向。嘴角微开，似在为弟子讲学。

执如意人物形象起源甚早，目前所见类似形象有两种。其一是南朝砖画《竹林七贤与荣启期》[3]中的王戎像（图2），图中王戎斜身靠几，手弄玉如意，姿态更加放松舒展；另一是传为唐代孙位的《高逸图》[4]中的王戎像（图3），亦手握如意，坐姿与刻石中的孔子像更为接近。

1　见吴讷跋文。

2　见〔清〕阮元《两浙金石志》，第 191 页。

3　《竹林七贤与荣启期》，砖画，南朝，江苏南京西善桥宫山大墓出土，现藏南京博物院。砖画原分布在墓室内部南北两壁，尺寸分别为：纵 78 厘米、横 242.5 厘米；纵 78 厘米、横 241.5 厘米。各由近三百枚砖块拼嵌而成，规格统一。

4　（传）孙位《高逸图》，绢本长卷，设色，纵 45.2 厘米，横 168.7 厘米，现藏上海博物馆。此图原绘竹林七贤故事，现图中只剩高士 4 人，童侍 4 人。

图 1　孔子

图 2　《竹林七贤与荣启期》局部

图 3　《高逸图》局部

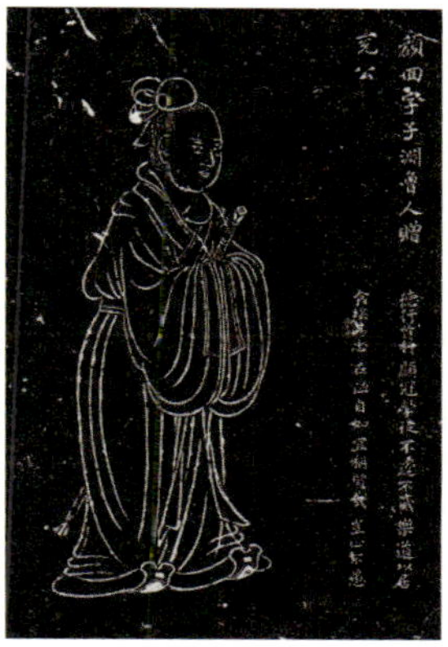

图 4　颜回

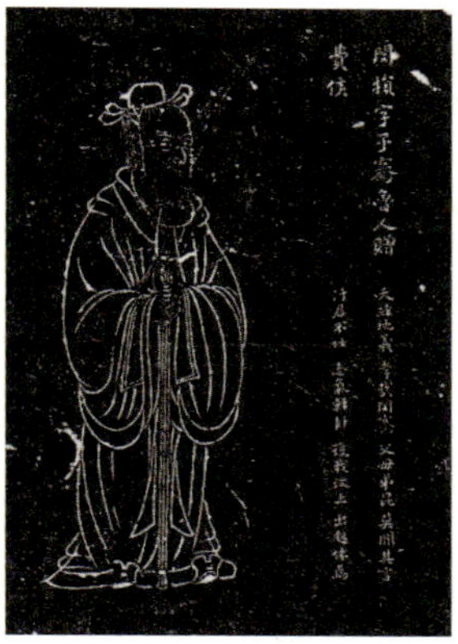

图 5　闵损

图 6　仲由

图 7　澹台灭明

与孔子距离最近、形成直接互动关系的是颜回（图4）。他面朝孔子，为3/4面左侧立像。不同于孔子的幞头与较复杂的衣饰，颜回头扎布巾，衣纹线条简洁，佩长剑，双手相交纳于宽袖中。上半身微微前倾，颔首低眉，呈垂目倾听状。其面净无须，视觉上呈现出秀骨卓立、谦虚好学的青年形象，是石刻众弟子像中仅有的。

同处第一块刻石的还有闵损（图5）。人物为近乎正面的立像，戴冠，双手持剑柄杵地，亦面朝孔子方向。与颜回不同，闵损被描绘为蓄须的中年男子形象。

其余弟子们的形貌服饰多与闵损相近，除在面部和胡须的形状上略有不同外，皆年龄相仿、五官相像、蓄须戴冠、宽袖常服，似有特定的范式，呈相对静态的立像。仅仲由、澹台灭明二人动态较大，飘带扬起，鼓风状的袖口挽至后臂（图6—7）。其中，仲由的个性特点更加鲜明，从其延续至腮部、飞扬的短须可以得见。

此外，在人物组合关系上，现存弟子像中仅第十一块刻石上的叔仲会和商瞿（图8）、第十二块刻石上的宓不齐和燕伋（图9）两两成组，余下各立式弟子像大多独立，只在手势、面部朝向上有所互动。

虽然众弟子像在五官容貌、服饰鞋履、动态朝向上大体一致，但在头冠、持物上存在着显著差异。

图 8　叔仲会、商瞿

图 9　宓不齐、燕伋

（一）头冠

除孔子头戴幞头外，现存弟子像的头冠可分为九类。较多的两类为单边侧出一或二翼的方形冠，造型简洁，无装饰（图10—13）。

图 10　冠形一（3/4 面）

图 11　冠形一（1/2 面）

图 12　冠形二（3/4 面）

图 13　冠形二（1/2 面）

部分人物为以下两类冠形。冠的主体部分有条状装饰，单边侧出一或二翼（图14—19）

图 14　冠形三（3/4 面）

图 15　冠形三（正面）

图 16　冠形三（1/2 面）

图 17　冠形四（1/2 面）

图 18　冠形四（正面）

图 19　冠形四（背面）

图 20　冠形五（左 3/4 面）

图 21　冠形五（右 3/4 面）

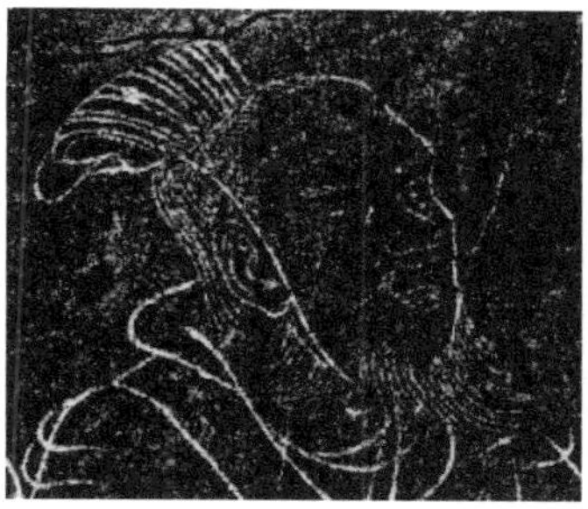

图 22　冠形六

图 23　冠形七

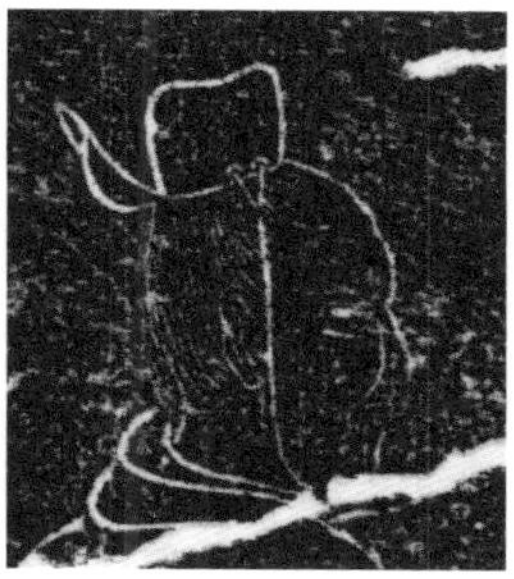

图 24　冠形八

图 25　头巾

还有一类更为复杂的冠形，现存石刻中仅出现两次（图20—21）。

另有三类特殊头冠，观刻石各仅一人佩戴（图22—24）。此外，还有前文述及的头巾（图25）。

（二）持物

除孔子手持如意外，现存弟子像所持器物可见以下几类：

1. 兵器，包括不同装饰剑柄的长剑（图26—28）、弓箭（图29—30）等。

图 26　剑形一

图 27　剑形二

图 28　剑形三

图 29　弓

图 30　箭

2. 书卷，包括完全卷起、半卷、全开等不同形态（图31—36）。人物手部动作也因持卷方式不同而变化。

3. 鱼，有单鱼（图37）、双鱼（图38）两种。双鱼置于案上。

4. 如意，除孔子像外，现存众弟子像中仅见一处（图39）。

5. 其他（无法识别）（图40）。

图 31

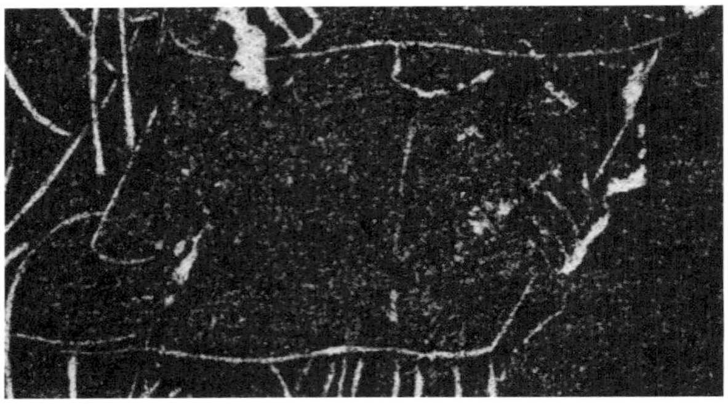
图 32

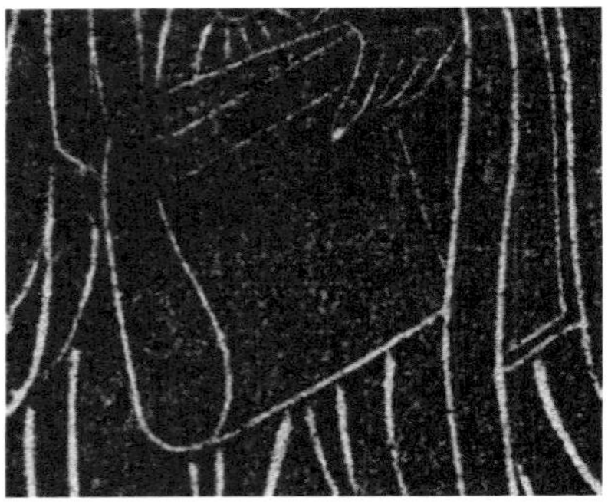
图 33

图 34

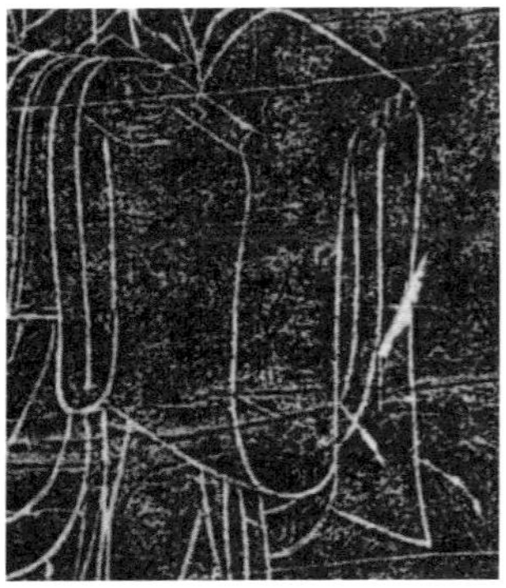
图 35

图 36

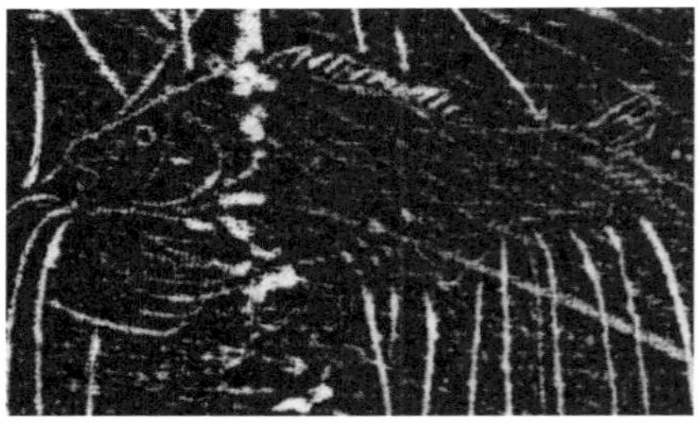
图 37

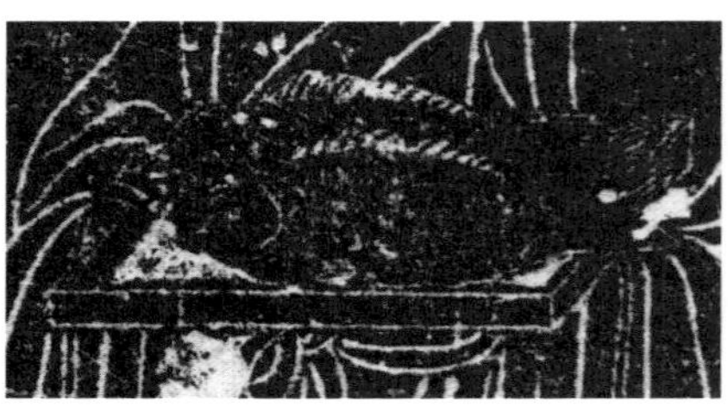
图 38

图 39

图 40

（三）佩剑方式

观众弟子像，画中人物大多佩剑。部分人物因动作关系，长剑被衣物遮挡大部，但通过刻石中的申党正面像（图41）和后处背面像（图42），可以大致了解佩剑的方式。剑长约为身长2/3，或手持，或斜插入腰带中。

图 41　申党

图 42　后处

二、艺术风格分析

此组圣贤像石刻古泽盎然，气息雅正。人物图像以阴线线刻为主要表现方式，延续了“白描”风格，用线条勾画人物相貌衣冠、身形体态。石刻整体线条细劲、用笔圆融，较少方折，近高古游丝描，但同时也关注到不同图像的不同质感，相应调整线条。如人物的冠服、持佩的器物等线条略粗，起笔、收笔提按动作较明显，衣纹随人物动态而变，聚散、长短、疏密得当；人物的皮肤部分，如脸庞、五官、手部等处线条较细，眉毛须发处的线条更细，以区别服饰，表现皮肤、毛发的质感。

此外，刻石在部分细节上采取了常见于汉画像石中的“减地”手法，如人物眼白、佩剑剑柄、鞋履等处，形成极小的黑白色块，与长短线条相交织，丰富了画面

图 43　秦非

图 44　《女史箴图》局部

图 45　《列女仁智图》局部

语言，具有装饰感。这种表现方式或许是沿袭了汉画像石的传统，又或许是石匠关注到原线描中墨色渲染的部分因循而成（图43）。

石刻中的人物形象模式、线条表现风格均与魏晋时期相合。除却前文已有的孔子坐像对比分析外，众弟子的图像亦是如此。弟子立像与传为顾恺之的《女史箴图》[1]（图44）、《列女仁智图》[2]（图45）风格相近，足可见其吸纳了魏晋士人的审美，反映了宋代的“复古”风气。

三、相关问题讨论

（一）圣贤像的功能与宋高宗御制赞辞

张彦远（815—890）谓：“记传所以叙其事，不能载其容；颂赋有以咏其美，不能备其象。图画之制，所以兼之也。”[3] 人物画因自身的题材内容，作为“成教化、助人伦”的载体的功能性更强，受到历代统治者的重视。

圣贤像作为人物画主要题材之一，是圣贤之道传播的重要方式。图画“孔子及

1　（传）顾恺之《女史箴图》，绢本长卷，设色，纵 24.6 厘米，横 343.75 厘米，现藏大英博物馆。《女史箴图》原有 12 段，此残卷本现存 9 段。

2　（传）顾恺之《列女仁智图》，绢本长卷，浅设色，纵 25.8 厘米，横 417.8 厘米，现藏故宫博物院。仁智卷共有列女故事 15 个，此残卷本仅留存 7 个。

3　〔唐〕张彦远《历代名画记·卷一》，明嘉靖刻本。

七十二弟子像”的首要目的是敦劝儒风、倡导人伦，使君臣父子各尽其责、各守其位，这对于刚经历宋金二次议和不久的南宋朝廷而言，似乎更为必要。

且宋自开国始，就有皇帝为孔子御制赞辞的传统。宋太祖在新增修的有先圣、亚圣、十哲塑像和七十二贤、先儒二十一人画像的太学，亲撰先圣、亚圣赞，十哲以下命文臣分赞之；宋真宗于大中祥符二年（1009）五月乙卯“亲制《玄圣文宣王赞》，命宰相等撰颜子以下赞，留亲奠祭器于庙中，从官立石刻名”。[1] 到了宋高宗，除御制《文宣王赞》外，更在机政余闲历取颜回而下七十二人，亦为制赞，以期通过“广列圣崇儒右文之声”，达成“师”与“君”的双重身份、道德文化与政治正统的双重实现。

此外，《孔子及七十二弟子像赞》石刻最初的放置地点“太学”也深有寓意。图画用于教育是汉以前就有的传统，《孔子家语・观周》中已有相关记载。而“孔子及七十二弟子像”在教育机构的应用则可见于北魏时期，《北史》记：“（北魏宣武）帝至邺，亲幸平（李平）第，见其诸子……图孔子及七十二弟子于讲堂，亲为立赞。”[2] 此外，唐史中还有关于太学“孔子及七十二弟子像”设立绘制和祭祀细节的详细记载，足见其是教育机构中不可缺少的设置。宋高宗将石刻置于太学，以碑本遍赐郡学，其教化民众、敦劝圣徒立志向贤之心可见。

（二）孔子及弟子像的形式与起源

孔子及弟子圣贤像图式远有规模，表现形式多样，有壁画、石刻画像、石窟造像、绢本或纸本长卷、印刷书籍等多种。

张彦远在《历代名画记》卷三《述古之秘画珍图》中记《鲁庙孔子弟子图》，可能是最早出现的孔子及弟子的壁画记载。[3] 汉代壁画的相关记录更多，如南朝宋范晔（398—446）记：“（灵帝）光和元年（178），遂置鸿都门学，画孔子及七十二弟子像。”[4] 唐颜有意亦记：“献帝兴平元年（194），陈留高眹为益州太守，更葺成都玉堂石室。东别创一石室，自为周公礼殿。其壁上图画上古、盘古、李老等神，及历代帝王之像。梁上又画仲尼七十二弟子、三皇以来名臣。”[5] 可惜这些壁画均已不存，无法得见。但是，在存世的汉画像石中可见孔子及其弟子形象，

1 〔元〕脱脱、阿鲁图《宋史・卷一百五・志第五十八》，四库全书本。
2 〔唐〕李延寿《北史・卷四三・列传第三一》，四库全书本。
3 〔唐〕张彦远《历代名画记・卷三》，明嘉靖刻本。
4 〔南朝宋〕范晔《后汉书・卷六十下・蔡邕列传第五十下》，中华书局，1973 年，第 1998 页。
5 《益州学馆记》，收于于安澜《画史丛书》第四册，黄休复《益州名画录》卷下，上海人民美术出版社，1963 年，第 39 页。

图 46　石篆山孔子及十哲龛局部

如山东嘉祥武氏祠以及徐州等地出土的画像石。

与杭州碑林《孔子及七十二弟子像赞》石刻同处于宋代的还有大足石篆山孔子及十哲龛（图46）。该龛造于宋元祐三年（1088），龛内正中为孔子坐像，头部左侧壁上的“至圣文宣王”刻字，显示了其身份。此尊孔子像面净无须，头扎束发软巾，身着圆领宽袖长袍，左手抚膝，右手握羽扇，足蹬云头履，踏双孔四方几上，与《孔子及七十二弟子像赞》石刻中年迈的孔子形象全然不同。两侧的十哲弟子立像，皆宽袖大袍，戴冠执笏，亦与石刻中的弟子像有别。

由此，引发了此类圣贤像在宋代的图式及粉本问题。宋李廌（1059—1109）在其《德隅斋画品》“蕃客入朝图”条目中谈及：“如丁简公家《凌烟功臣》《孔子七十门人小样》，亦唐朝粉本，形性态度，人人殊品，画家盖以此为能事也。”[1]但宋代官方颁布或民间流行的“孔子及弟子圣贤像”图式各为何种、源自何处？图式粉本又有几种？《孔子及七十二弟子像赞》石刻是否有粉本？甚或是否本身即作为粉本存在？还有待进一步讨论。

（三）明清各类孔子弟子圣贤像

目前暂未发现早于《孔子及七十二弟子像赞》石刻的“孔子及七十二弟子”题材作品存世。日本永青文库藏设色本《孔子弟子像》除却没有宋高宗题赞，其人物数量和形象与杭州石刻本一致。[2]首都博物馆藏传唐阎立本绘《孔子弟子像》[3]与

1　〔北宋〕李廌《德隅斋画品》，四库全书本。

2　〔美〕孟久丽（Julia K.Murray），Song Paintings of Confucius，《浙江大学艺术与考古研究（特辑一）：宋画国际学术会议论文集》，2017 年。

3　（传）阎立本《孔子弟子像》，绢本长卷，设色，纵 32.3 厘米，横 870 厘米，现藏首都博物馆。绘孔子弟子立像 59 人，无名款。墨笔勾勒，设色深沉。包首题签“阎立本画孔子弟子像”，引首乾隆御题“杏坛遗范”。

图 47　首博本局部

图 48　故宫本局部

图 49　首博本“孔子像”

图 50　故宫本“孔子像”

故宫博物院藏款署“臣公麟”的《孔子弟子像》[1] 图像一致，人物形象、排列组合等元素构成相似（图47—48），应属同一范本模式。[2] 对比《孔子及七十二弟子像赞》，可见这两卷改孔子坐像为立像（图49—50），人物组合关系发生改变，头冠佩物简化单一。

上述三卷本的绘制年代或有差别，首博本或早于故宫本和永青文库本。孟久丽认为，这三卷本反映了宋以后对杭州石刻本重新燃起的兴趣，推测绘制时间可能晚于吴讷重新发现石刻的1427年，甚至是在宋廷佐将石刻从仁和县学移至杭州府学尊经阁的1527年后。

明代一改历代对孔子及诸弟子尊崇的封号。洪武三年（1370），除孔子以外，儒家先贤所追封之爵位一概废除。嘉靖九年（1530），大学士张璁（1475—1539）上书撤销孔子及弟子神像，改为木制牌位，改称“大成至圣文宣王”孔子为“先师”，祭祀场所“大成殿”为“庙”。虽争议不断，但明世宗朱厚熜（1507—1567）还是将之一一推行。由此，“孔子及七十二弟子圣贤像”图式渐微。明清时期，民间流传的多个版本皆出自对杭州《孔子及七十二弟子像赞》石刻的摹写。

明清诸本中，首要提及的就是款署明代吴讷的《宣圣及七十二贤赞图卷》。[3] 此卷传为吴讷发现《孔子及七十二弟子像赞》石刻后，亲自临摹所成，尺寸为纵38厘米、横1680厘米。全卷在内容上完全复刻了石刻的图像文字，力追原刻笔法、风格。虽因材质原因，此卷本较石刻多了线条的墨色变化和细节的墨色渲染，看似丰

1　（传）李公麟《孔子弟子像》，绢本长卷，设色，纵33厘米，横464.5厘米，现藏故宫博物院。绘孔子弟子立像37人，有名款。设色淡雅，用笔柔和。卷末左下方题款“元祐三年二月，臣公麟绘草上进”。画后有四跋，分别署名明代解搢绅、王稚登，清代管同、梅曾亮。

2　对于两卷《孔子弟子像》的讨论，有单国强《唐·阎立本孔子弟子像传卷初鉴》、倪葭《〈孔子弟子像〉研究》、［美］孟久丽（Julia K.Murray），Song Paintings of Confucius，等文。

3　关于吴讷本的讨论，有赵榆《孙悦汉及其收藏的宣圣及七十二贤赞图卷》等文。

图 51 （传）吴讷本孔子像

图 52 （传）吴讷本宓不齐、燕伋像

富，但通卷线条、气质远不可与原石刻同语。且卷中人物存在服饰细节缺失、衣纹翻转结构和器物形状透视有误等问题（对比图1和图51，图9和图52）。

此外，随着明代印刷技术的发展，因白描几乎没有渲染的技法、注重形式构成的表现方式与版刻的刻制特点相合，催生了此系列图式的刻本刊行，使这一经典主题图像得到再次创作，并作为传播媒介，具有更多的开放性和实用性特征。现存刊刻版本包括：明崇祯五年（1632）吕维祺序刊本《圣贤像赞》、清吴高增编《圣贤像赞》乾隆四十四年（1779）拓印本、清顾沅编《圣庙祀典图考》道光六年（1826）吴门赐砚堂顾氏刊本，以及《芥子园画传》第四集人物巢勋临本中的《七十二贤人》等。这些刻本中的人物组合排列、服饰体态等皆以《孔子及七十二弟子像赞》石刻为范本，但刻本的局限性使得这些版刻人物图像只是对原石刻的刻板转译，形象简单、线条直白，未及石刻的艺术美感。

结　语

现藏杭州孔庙碑林的《孔子及七十二弟子像赞》石刻，由宋高宗御制并书小楷序文、赞辞，敕令立石于太学。随御笔一同摹勒上石的孔子及七十二弟子圣贤像，作为宋代官方认定的主流道德图画范本，敦劝儒风，光崇圣烈，具有典籍般的权威性。而其本身具备的超出教化功能的审美性，使其成为不可替代的艺术珍品，为明及以后所效法，更在造型和笔法上启发了陈洪绶等人。同时，借由此石刻引发的诸如宋代圣贤像的图式与粉本、宋代白描人物的模式源流等重要问题，更有待进一步的研究讨论。

附表1

刻石	人物	姿势	持（佩）物
一	孔子	面右，3/4 坐像	如意
	颜回	面左，3/4 左立像	剑
	闵损	面左，近正面立像	剑
二	冉雍	面左，1/2 左立像	无
	冉耕	面左，3/4 左立像	剑
	冉求	面左，3/4 左立像	无
	言偃	面右，近正面立像	剑
	宰予	面左，3/4 右立像	剑
三	仲由	面右，3/4 右立像	剑
	端木赐	面左，3/4 左立像	剑
	卜商	面左，1/2 左立像	剑
	林放	面左，3/4 右立像	剑、书卷
	樊须	正面立像	书卷
四	澹台灭明	面左，3/4 左立像	剑
	曾参	面左，1/2 左立像	无
	公冶长	面右，3/4 右立像	剑
	公西蒧	面左，1/2 左立像	无
	原宪	面左，3/4 左立像	无
五	有若	面左，3/4 左立像	无
	郑国	面左，1/2 左立像	无
	商泽	面左，3/4 左立像	书卷
	秦非	面左，近正面立像	书卷、剑
	曾蒧	面左，3/4 左立像	书卷

续表

刻石	人物	姿势	持（佩）物
六	巫马施	面左，1/2 左立像	书卷
	公皙哀	面左，3/4 左立像	书卷、笔
	漆雕徒父	面左，近背面立像	无
	颛孙师	面左，1/2 左立像	剑
	高柴	面左，3/4 左立像	书卷
七	荣旂	面左，1/2 左立像	不详
	秦祖	面左，1/2 左立像	无
	陈亢	面左，1/2 左立像	书卷
	梁鳣	面左，3/4 左立像	鱼
	冉孺	面左，3/4 左立像	书卷
八	颜之仆	面左，3/4 左立像	无
	石作蜀	面左，3/4 左立像	剑
	颜高	面左，3/4 左立像	书卷
	邽异	面左，3/4 左立像	无
	任不齐	面左，3/4 左立像	书卷
	颜无繇	面左，3/4 左立像	无
九	曹卹	面左，3/4 左立像	书卷、剑
	县成	面左，近正面立像	案上双鱼
	颜哙	面左，近正面立像？	剑、一方形物（不详）
	孔忠	面右，1/2 右立像	弓、箭
	狄黑	面左，近正面立像	如意
十（已佚）	——	——	——
十一	南宫括	面左，3/4 左立像	书卷、剑

续表

刻石	人物	姿势	持（佩）物
	公孙龙	面左，3/4 左立像	无
	廉洁	正面立像	书卷
	叔仲会	面右，3/4 右立像	书卷
	商瞿	面右，近正面立像	无
	司马耕	面左，3/4 左立像	剑
十二	蘧瑗	面左，近背面立像	书卷
	公西赤	面左，3/4 左立像	书卷、剑
	公伯僚	面右，近正面立像	无
	漆雕开	面左，3/4 左立像	无
	宓不齐	面右，1/2 右立像	书卷、剑
	燕伋	面右，近正面立像	书卷
十三	申党	正面立像	剑
	琴牢	面左，3/4 左立像	剑
	秦商	面右，1/2 右立像	无
	布叔乘	面左，3/4 左立像	无
	颜幸	面左，3/4 左立像	书卷
十四	奚容蒧（已佚）	——	——
	冉季（已佚）	——	——
	后处	背面立像	剑
	左人郢	面左，3/4 左立像	无
	秦冉	面左，3/4 左立像	书卷、佩剑
十五	乐欬	面左，3/4 左立像	无

復古殿書

大成之殿

孟子曰："伯夷，圣之清者也；伊尹，圣之任者也；柳下惠，圣之和者也。孔子，圣之时者也。孔子之谓集大成。"其中，"孔子之谓集大成"意为孔子的儒家学说聚集古今先贤思想精髓，朱熹注云："此言孔子集三圣之事，而为一大圣之事"，是为孔庙建筑中"大成"的由来。

大成殿，是祭祀孔子及其弟子的专用官式建筑，是各地历代孔庙（文庙）的正殿，同时也是各地官私学校的核心建筑。自隋唐设科取士以来，各地纷纷设立官学，用以培养朝士。唐贞观四年（630），唐太宗诏令国学及州县官学设立孔子庙，以尊先圣，自此庙学合一，直至清末。北宋大中祥符五年（1012），宋真宗赵恒追封孔子为"至圣文宣王"，增冕十二旒，制同帝王。《乾道临安志》中所载"至圣文宣王庙"，即是杭州孔庙目前所见史料记载最早的名称。

崇宁三年（1104），宋徽宗赵佶取孟子"孔子之谓集大成"语义，下诏将曲阜孔庙正殿更名为"大成殿"，政和四年（1114）又颁定天下孔庙正殿均名"大成殿"，此为杭州孔庙正殿名为"大成殿"之始。

除追封孔子外，两宋皇帝还御书匾额，加以颁赐。宣和年间，宋徽宗赵佶为赞扬孔子集古今思想之大成，在下诏更名时亲笔题写匾额，颁赐各地官学。是时，杭州为州治，孔庙附于州学内。据《淳祐临安志》记载，在宣和中时，赵佶御书"大成"已由本路廉访使颁于杭州州学，并建有稽古阁专以奉安。

宋室南渡后，中兴之主宋高宗赵构为振兴儒学重构建置。建炎三年（1129），宋高宗升杭州为临安府，杭州州学升为临安府学。绍兴元年（1131），府学迁址运司河下凌家桥西（今址），以慧安寺故基重建。绍兴十二年（1142）四月，诏立太学养士，权于临安府学措置。绍兴十三年（1143）正月，诏改临安府前洋街（今杭州市下城区庆春路西端一带）岳飞旧第建成太学。七月，太学大成殿告成。绍兴十四年（1144）三月，赵构亲临太学，并作《幸学答诏》。

杭州孔庙碑林所藏的这方《大成之殿》榜书石刻，是迄今为止国内镌刻年代最早、字径最大的御书大成殿名石刻。据《乾道临安志》《咸淳临安志》等记载，南宋太学有宋高宗赵构御赐"大成之殿"匾额，临安府学有宋理宗赵昀御赐大成殿匾额，两者均被当时官员刊刻于石。"大成之殿"榜书作者目前有两种说法：一是宋理宗赵昀，《两浙金石志》中著录有《大成之殿》石刻，清阮元等依文献记载考其为赵昀御书御赐临安府学之匾额之一，钮因莉等综合文献与实物，从阮元之说；二是宋高宗赵构，方爱龙等主要从书法角度对比分析后认为，此为赵构御书御赐太学之匾额。

大成之殿

《大成之殿》榜书石刻镌刻于南宋，整体近方形，高148厘米，宽119厘米，厚30厘米。刻文“大成之殿”，为大字楷书，2行4字，字径约45厘米。两行间中下部刻有落款“复古殿书”，为楷书，1行4字，字径约3厘米（图1）。

刻文字径约45厘米，是杭州孔庙碑林所藏历代御书碑中字径最大的。其书体为榜书，其底本墨迹应为大成殿所书的匾额，现查无踪迹。此书点画厚重而不失灵动，书风明显带有颜体意韵，端庄整肃，浑然天成，体现出了书者高超的书法造诣，具有重要的书法艺术价值。

复古殿，为南宋苑中殿名。此殿于绍兴初年建置，后于绍兴二十八年（1158）另建于皇城东门之外城。宋孝宗、宋理宗沿用此殿。端平元年（1234）重修，宋理宗为此作《复古殿记》《修复古殿纪事诗》。复古殿在宋高宗至宋理宗期间一直使用，殿中文房用品、日用器具多为特制专供，用墨、瓷碟、古琴等落有殿名款（或为“复古殿”，或在其后附加时间如“复古殿冬”，或附加制作信息如“复古殿制，端平乙未［1235］臣郭玘造”）。殿中收藏的书画上多钤有“复古殿宝”印（如《蔡襄荔枝谱图》），皇帝御笔书作、题跋后不具姓名，多落款“复古殿书”。复古殿所存文物传世较少，此石刻落款对南宋建筑史、孔庙规制等具有重要的历史、科学价值。

图 1

杭州孔庙《大成之殿》南宋御书题榜石刻及其相关问题散议

方爱龙（浙江书法院）

现嵌存于杭州孔庙碑林碑石陈列之廊的“大成之殿”榜书石刻（图1），款署“复古殿书”，由于该石刻未署纪年，仅在居中偏下位置题署“复古殿书”四字楷书款（图2）。一直以来，造成了对它究竟出自南宋哪位皇帝御题的分歧。较早对该石刻进行定论的是清代的阮元，他在《两浙金石志》中将《大成之殿》碑刻的书碑者定为宋理宗。这应与《咸淳临安志》记载有关：“大成殿，在学之西，理宗皇帝御书扁。”然而笔者通过系列研究考察，认为该石刻并非理宗所书，而应为高宗御题，现对该石刻所涉及的相关问题展开讨论，旨在努力地接近历史的真相。

“榜额”是古代大型建筑物（多为宫、殿、观等仪式场所）居中悬挂（嵌卦）之匾额。《大成之殿》榜书石刻亦是如此。即为南宋时期临安（杭州）太学“大成殿”的匾额。只是形制上是偏向方形、稍呈纵长的“方额”。这是传统的形制，明清以后一直流行（图3-4[1]）。多为木质，勒石而张悬以为永久，更显珍重。

该榜额右侧内行题署“奉正大夫参知政事枢密副使商挺书，三官提点刘志和庄施”。

按之书史，榜书又称署书，乃秦汉“八体”之一。书史记载，前汉萧何（？一前193）是“署书之祖”，三国韦诞（字仲将，179—253）是“工榜书”的名家。“署书者，宫殿题署是也。萧何作未央殿成，用秃笔题额，时谓之‘萧籀’，又题‘苍龙’‘白虎’二观（阙），此署书之始也。”[2]“臣下如胡昭善尺牍，卫觊好古文，韦诞工榜书。”[3]

查考相关文献记载，绍兴十二年（1142）十一月己亥：“诏太学养士，权

1 本文附图3、4，相关图片资料下载引用自网络。如有侵权，请作者（拍摄者）联系本人，将由本人按出版稿酬支付费用。特此说明。

2 〔明〕陆深《书辑》卷上，转引自卢辅圣主编《中国书画全书》第三册，上海书画出版社，1992年，第787页。

3 〔明〕王绂《书画传习录》卷一“右论两汉魏晋各书家一则”条，转引自卢辅圣主编《中国书画全书》第三册，第101页。

于临安府学措置增展。”十三年（1143）正月，“诏以钱塘县西岳飞宅为国子监太学”，“筑圜丘，建太社太稷国子监太学”。[1] 周淙（字彦广，1113—1172）《乾道临安志》卷一《行在所·学校·太学》记：“光尧太上皇帝御书至圣文宣王庙曰‘大成之殿’，门曰‘大成殿门’……”绍兴三十二年（1162）六月十日，内降御札，高宗赵构禅让帝位于孝宗赵昚，自称“太上皇帝”，十一日即退处德寿宫。“光尧”，即退处德寿宫后的赵构，得到孝宗累上尊号之一。“至圣文宣王庙”，即孔庙，北宋真宗大中祥符五年（1012）十一月，奉敕改孔子之谥曰“至圣文宣王”。“大成殿”是孔庙的主殿，也即祭祀孔子的主要场所。周淙《乾道临安志》成书于乾道五年（1169），今存三卷。其中的这条关于宋高宗（在位期间）御书赐题至圣文宣王庙曰“大成之殿”、门曰“大成殿门”的记载，是较早的资料。

又，据费衮（字补之，生卒年未详）《梁溪漫志》卷六“成都大成殿”条云：“成都大成殿，建于东汉初平中……绍兴丙辰，高宗因府学教授范仲殳有请，亲御翰墨书‘大成之殿’四字赐之。”绍兴丙辰，即绍兴六年（1136）。一般认为，费衮《梁溪漫志》成书于宋光宗绍熙三年（1192），首刊于嘉泰元年（1201）。其中关于宋高宗应奏请为成都府大成殿亲御翰墨，赐题“大成之殿”四字，是目前可知南宋时期最早的相关榜书赐题。

再，元人刘岳申（字高仲，号申斋）《申斋集》卷六《瑞州路儒学大成殿记》亦云：“宋高宗御书榜文殿颜曰‘大成之殿’，门曰‘大成殿

图 1　杭州孔庙“大成之殿”榜书石刻陈列场景（2009 年方爱龙摄于杭州孔庙）

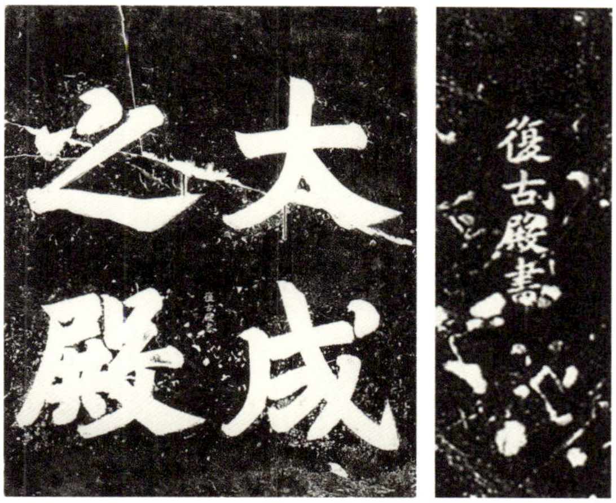

图 2　杭州孔庙“大成之殿”拓本（引用自《杭州孔庙》一书）并题署局部（右）

图 3　山西芮城元代永乐宫“重阳之殿”榜额（图片下载自网络）

图 4　山西芮城元代永乐宫“无极之门”榜额（图片下载自网络）

1　〔宋〕李心传《建炎以来系年要录》卷一四七—一四八，中华书局，1956 年，第 2366、2376、2383 页。

门’，至今天下郡县因之。”这一记述，大概是刘岳申综合前代文献与自身观察的结果——南宋至元代，各郡县孔庙的大成殿，多采用宋高宗御书之榜。

上述诸记，均明确孔庙“大成之殿”之榜为宋高宗御书。按，“复古殿”乃高宗皇帝赵构的燕闲之所，至少在绍兴三年（1133）之前就用此名，也即在驻跸地临安府（杭州）已有燕闲之所“复古殿”，因而其早年御书赐题，多见署“复古殿书”云。比如，据俞松《兰亭续考》卷一记：绍兴三年癸丑，宋高宗以《定武兰亭》墨本赐郑谌，在跋末已见自署“复古殿书”四字。[1] 逮至绍兴八年（1138）二月，高宗下诏定都临安府（杭州），并诏新安墨工戴彦衡在禁中作“复古殿墨”[2]。可见，复古殿作为赵构在临安的燕闲之所，大量书法作品必出其地。

也许，绍兴之初的“复古殿”更多的是一个象征符号，而并非一定有实质性的较大空间。绍兴二年（1132），时局稍定，南宋朝廷在驻跸地临安府（杭州）始兴土木，所谓“复古殿”的存在，可以对应于北宋时期的“宣和殿”，是展示其延续祖宗之法、文物之治基本方略的需要。所以，有文献记载说，直到绍兴二十八年（1158）才在禁中建成规模意义上的“复古殿”建筑。事实上，绍兴二十八年（1158）八月，禁中“损斋”成，高宗于复古殿亲作《损斋记》，并亲书题榜“损斋”二大字。自是，高宗屏去声色玩好，置经史古书于损斋，朝夕燕坐。在此展玩内府珍藏，屡次与群臣论书，创作书法作品。损斋成了他在位期间最后几年的翰墨场所。“损斋”与“复古殿”二名而一体欤？抑或“损斋”为“复古殿”之一隅乎？

定都临安以及“绍兴和议”的“成功”，着实让自即位以来始终处在不断“移跸”的窘境中的赵构吃了一颗定心丸，内心原本就少“恢复之事”的高宗，此时已经认为“无大利害相妨”了，于是就开始他内殿作书、日有程课的生活。同时，建都临安后的诏访天下遗书、“和议”成后的“榷场互市”等，都使得绍兴内府有了更多的晋唐真迹；而以《淳化阁帖》为祖本的《绍兴国子监帖》的刊成，更使得赵构有了系统学习汉魏六朝法书的较佳取法范本。对此，绍兴十二年（1142）十一月十五日，贵妃吴氏题御书时曾云：“机政之暇，择钟、王而下三十帖，亲御毫素并加临写。龙蟠凤翥，变态万象，希世之伟迹也。”[3] 虽然赵构书法并未达到吴贵妃所谓“希世之伟迹”的高度，但这条记述还是较为可靠地向后人传达了这样一个信息——高宗赵构绍兴前期就对晋唐法帖进行了有选择、有目的、有计划的尽心临习，并达到了一定水准。

更为直观的是，我们通过该榜刻的书法风格，亦可做一申论，进一步阐释其作为宋高宗所书的可能性。

---

1 转引自《中国书画全书》第二册，第616页。

2 参见罗愿《新安志》卷一〇。

3 〔宋〕王应麟《玉海》卷三四。

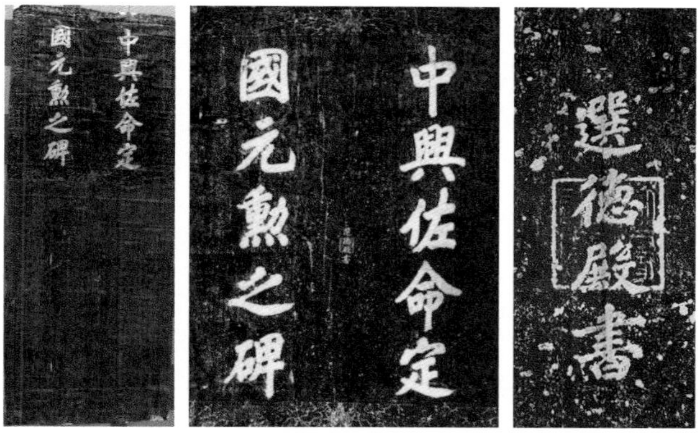

图 5　苏州《韩世忠神道碑》宋孝宗御题碑额并题署“选德殿书”局部（右）

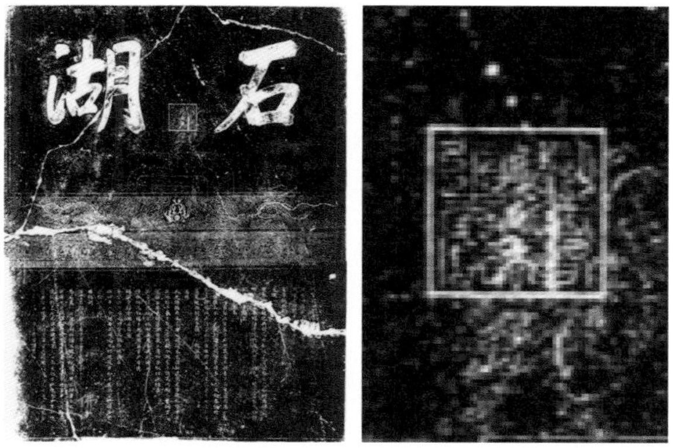

图6　苏州范成大别业宋孝宗御书题赐“石湖”拓本（选自国家图书馆网站“碑帖菁华”），并题署“赐（范）成大”局部（右）

（一）首先排除为宋孝宗御书。我们知道，南宋帝王后妃的书法，多取法宋高宗。[1] 宋孝宗大字榜书题刻，传世可见者：淳熙三年（1176）二月，亲御翰墨，为韩世忠神道碑（立于苏州）题额，大书曰“中兴佐命定／国元勋之碑”（图5），在两行碑额文字居中偏下位置题署“选德殿书”，加钤“御书之宝”。淳熙八年（1181）闰三月书“石湖”二大字，居中下部题署“赐成大”，加钤“御书之宝”，范成大为之刊石于苏州石湖别业（图6）。

据史籍可知，“选德殿”乃宋孝宗办公（大成入直召对）兼燕闲之所御也，其制也沿依祖宗之法，在其登极的乾道年间就设置了。而且，上述两种宋孝宗的大字榜书，与我们所加讨论的“大成之殿”榜题，在书迹风格上有所差异。

（二）其次排除宋高宗退位为太上皇时期所书。虽然“大成之殿”仅署“复古殿书”而未加“御书之宝”，并不意味着其已退位，只是在“至圣”面前不宜擅加“御书”字样而已。赵构退位以后，退处德寿宫，实际上在较长时间段还经常接待王公大臣的问候。他在期间所书，通常题署“德寿殿书”，且加钤“德寿殿御书宝”（图7）。

（三）细察此石“复古殿书”之署，与传世绍兴庚申（1140）高宗题赞王羲之书法款署“复古殿书”一行（图8），书风甚为相类。这一原本是题赞王羲之书法（小楷《乐毅论》）的题跋，现在已经被割裂移配到传为王献之的《鸭头丸帖》之后，为此，好事者还将开头“右军”二字挖改为“大令”。不过，在明清刻帖的支持下，终究还是露出了马脚。

这两种“复古殿书”题署书迹的比较结果，不仅有力地支撑了“大成之殿”题榜出自高宗赵构御书，而且可以将题署的时间点落实到前引周淙《乾道临安

1 详可参见拙文《宋高宗赵构和南宋帝王后妃的书法》，载《书法》2013 年第 1 期，第 35—47 页。

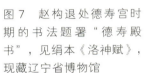

图 7　赵构退处德寿宫时期的书法题署“德寿殿书”，见绢本《洛神赋》，现藏辽宁省博物馆

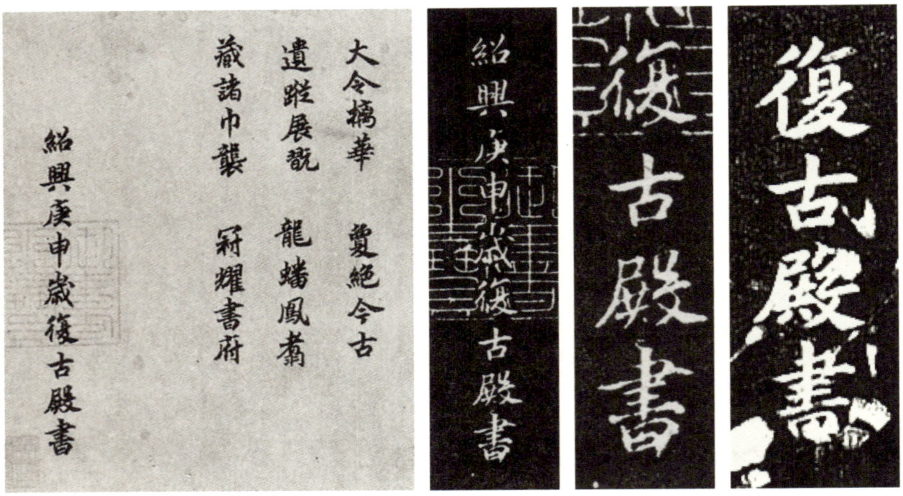

图 8　赵构题署“复古殿书”（绍兴十年），与《大成之殿》题署“复古殿书”之比较

志》卷一记载的临安南宋太学初成的绍兴十三年（1143）七月之前。这从书迹风格上也可以印证赵构书风的发展历程，即这一时期正是他大力推崇“学书必以钟（繇）、王（羲之、献之）为法”并身体力行的重要阶段。同样保存在杭州孔庙的赵构《南宋御书石经》，虽然是小字，但其书风与《大成之殿》榜书及其小字题署，完全合辙。有谓“大字促令小，小字展令大”，诚不欺人也。

此外，通常情况下，我们借助一个人的相同相近时期的书迹比较，如果存在较大的风格差异，也可以得到否定的推论。有学者曾指出，“大成之殿”或为宋理宗赵昀（1205—1264）所作，可能主要是因为宋理宗时扩建了复古殿，并御制《复古殿记》一文，记云：“内殿禁严，名曰‘复古’，以为省览延访之所。”加之，理宗推崇程朱理学，儒学甚得圣眷，因而有此御书赐题。那么，我们就拿同样保存在杭州碑林的宋理宗赵昀的碑版书迹御书《圣贤赞》诸碑，来与“大成之殿”作一比较。根据记载，这是淳祐元年（1241）书刻的。刚好是他在位四十二年的中间段位次，也是他成熟而年富力强的时候。虽然书史记载多认为理宗书法“亦从高宗家法中来”，但学者根据传世书迹做出的考察[1]，已见有别于高

1　徐邦达《古书画过眼要录·晋隋唐五代宋书法（三）》著录了理宗传世书迹6种，均为圆形行书诗页，并有言“以上均不知藏所”，紫禁城出版社，2005年，第992—993页。而据台湾学者傅申考察，理宗的传世书迹，“以美国最夥，盖（广东潘正炜）听帆楼旧藏，今全为Crawford氏所有”。傅氏所记Crawford氏藏品，应是徐氏所记“不知藏所”者。又据傅申记：台北“故宫博物院”所藏南薰殿历代帝王图像中之《伏羲坐像》《帝尧立像》《夏禹王立像》《商汤王立像》《周武王立像》五图上的正书题赞，就是淳祐元年（1241）正月的理宗御制御书。参见傅申《宋代皇室及金人书法》，载《书史与书迹：傅申书法论文集（一）》，台北历史博物馆，1996年，第103页。

宗书风的地方，即楷书可能受到了当时名满大江南北乃至东瀛的张即之（1186—1266）书风的影响，行草书笔锋外露，姿势稍媚。以下是从《宋理宗御书〈圣贤赞〉》碑中选取出来的“大”“之”字例（图9），因为诸碑中没有“成”“殿”二字及相近字例，所以不做强解。即此二字，足以从风格上判断推论：“大成之殿”定非宋理宗御题（表1）。

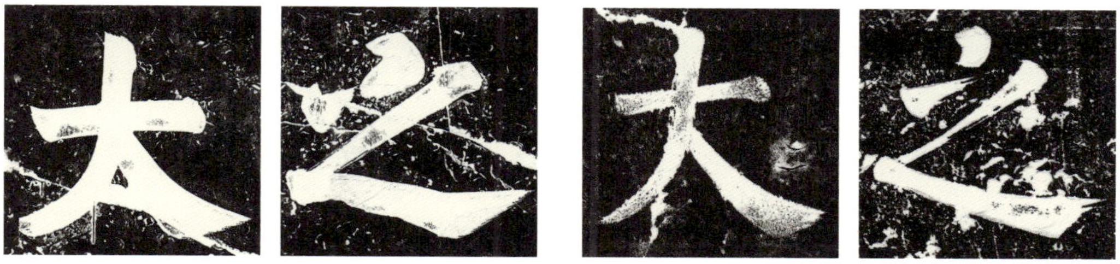

《大成之殿》选字　　《宋理宗御书〈圣贤赞〉》选字

图 9　杭州孔庙碑林《大成之殿》与《宋理宗御书〈圣贤赞〉》中的“大”“之”二字比较

可以展开的相关话题，远远不止以上。暂时先作这些。综上所述，笔者认为现存杭州孔庙的《大成之殿》榜刻，应是绍兴十三年（1143）临安太学大成殿告成之时，宋高宗御书赐题刊立。

表1

大成之殿	宋高宗书迹选字	宋理宗御书《圣贤赞》选字	宋理宗书迹选字

		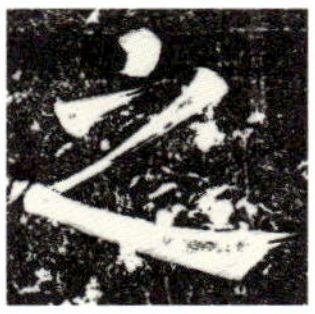	

宋理宗御书《圣贤赞》

圣贤赞即称美儒家圣贤的赞体文，最早可追溯至东汉嘉祥武梁祠中的圣贤画像榜题。随着唐代以后孔庙从祀制度的成熟，圣贤赞逐渐成为圣贤入祀孔庙的标志，其语言也从朴实无华的介绍性文字，演化为更加成熟典雅的赞体文。

而宋代正是圣贤赞发展的黄金时期,其中南宋理宗大力倡导推行程朱理学，使其取得了思想上的正统地位。宋理宗御书圣贤赞，又名《道统十三赞》，由宋理宗赵昀御制御书而成，淳祐元年（1241）幸学时以赐国子监，宣示诸生。该刻石标志着理学在南宋后期被确立为官方哲学，并在元、明、清各朝文化思想方面占据主导地位。

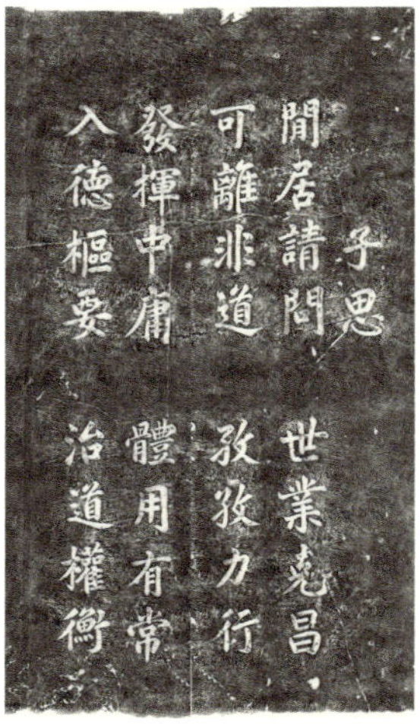

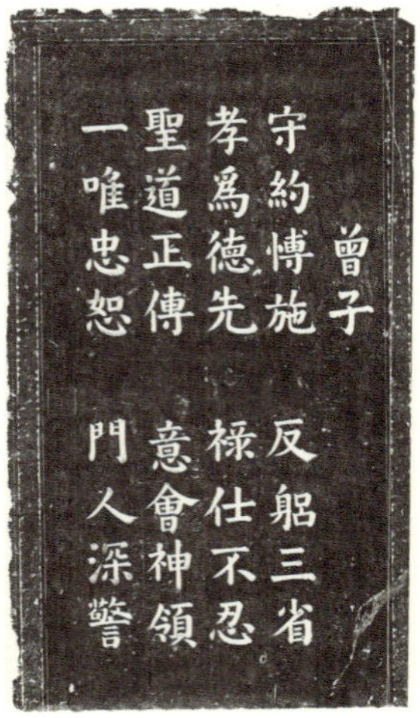

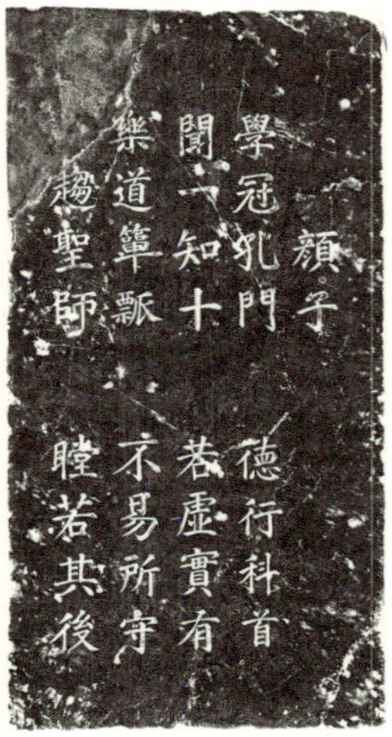

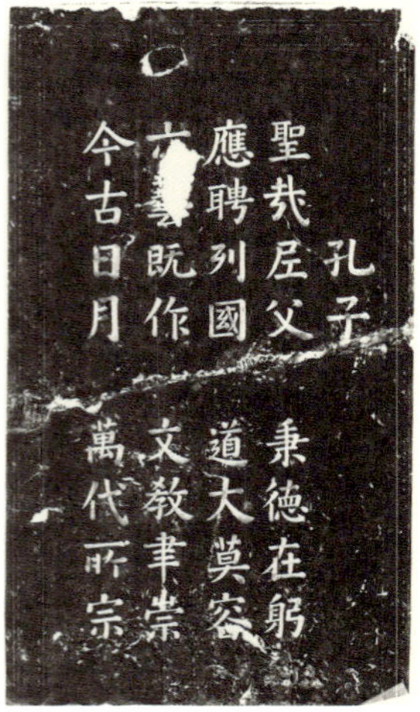

宋理宗御书《圣贤赞》

碑石原立于南宋太学石经之末，明正德十二年（1517）移存杭州府学。宋理宗撰并书，淳祐元年（1241）刻。初刻16石，前3石为序，其后13石为圣贤赞，上起伏羲，下讫孟子。今存15石，缺《伏羲》《禹》2石，但《文王》刻石有2石，其一为清光绪元年（1875）集偏旁补刻而成，光绪壬辰（1892）原石复得。圣贤赞每石首刻圣贤之名，继之刻赞2列，列4行，行4字。《两浙金石志》《武林坊巷志》《金石萃编》《寰宇访碑录》等均有圣贤赞刻石记载。

前3石碑额刻“皇帝御制御书”6字小篆，结体雍容典雅，点画纤柔圆润，具有典型的宋篆气息。序、赞以楷书刻成，其中《曾子》《孟子》《孔子》《舜》及《序》诸篇书法较为板正，略有欧阳询《九成宫醴泉铭》之意。而《尧》《汤》《文王》《周公》《子思》五篇，风貌更近颜、柳，点画丰腴，微杂行书笔意。其余《武王》《颜子》二篇，则点画瘦硬、结字紧凑，视觉体验上与其余诸石大为不同。

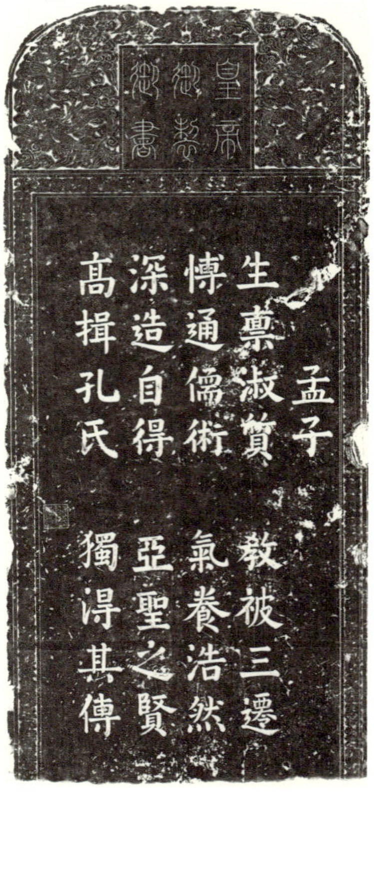

皇帝御書
紹定三年所
祐改元孟
先聖就賜國
宣示諸生

皇帝御書
朕獲承
祖
宗右文
燕謀
慈極
餘閒博求載籍推

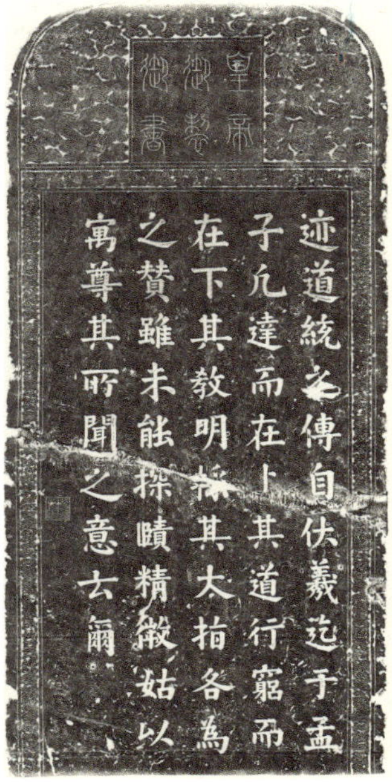
皇帝御書
迹道統之傳自伏羲迄于孟
子允達而在上其道行窮而
在下其教明推其太指各為
之贊雖未能探賾精微姑以
寓尊其所聞之意云爾

湯
順天應人 本乎仁義
以質繼忠 匪曰求異
盤銘一德 桑林六事

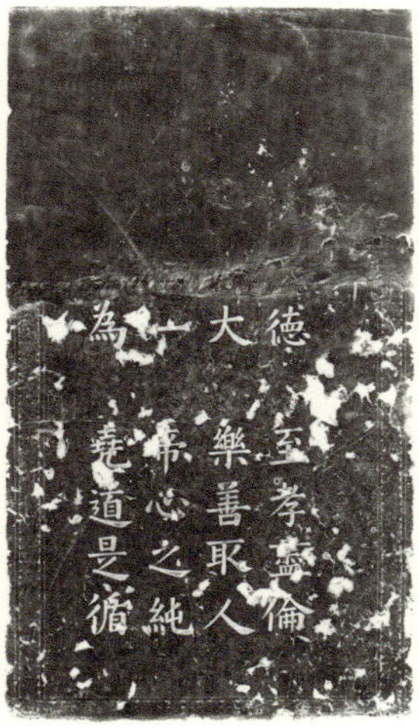
德 至孝
大 樂善取人
帝心之純
為 堯道是循

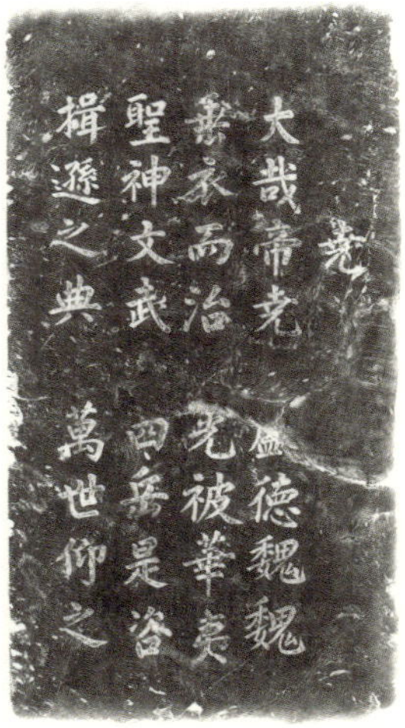
堯
大哉帝堯 盛德巍巍
垂衣而治 光被華夷
聖神文武 四岳是咨
揖遜之典 萬世仰之

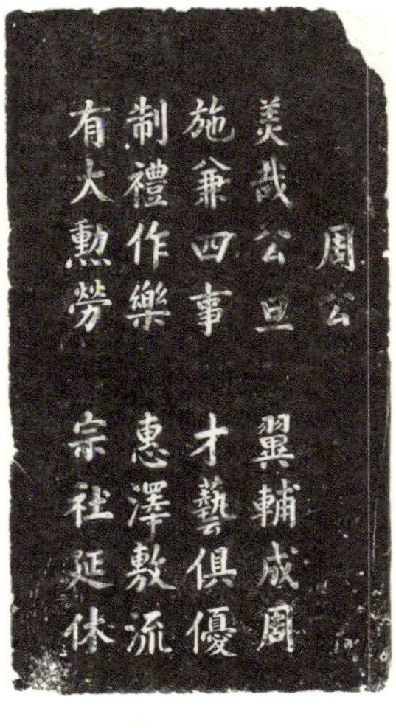
周公
美哉公旦 翼輔成周
施兼四事 才藝俱優
制禮作樂 惠澤敷流
有大勳勞 宗社延休

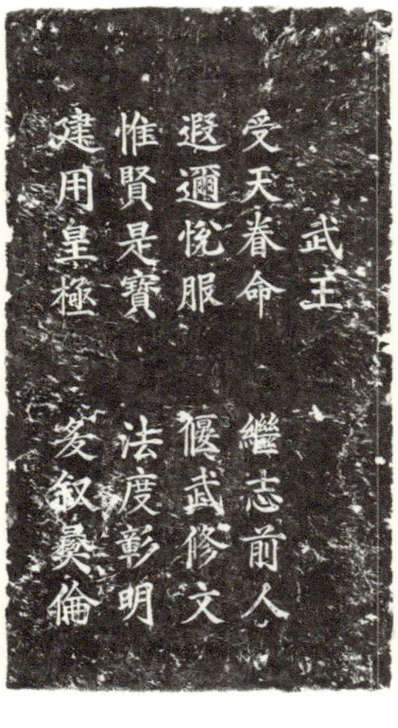
武王
受天眷命 繼志前人
遐邇悅服 偃武修文
惟賢是寶 法度彰明
建用皇極 爰叙彝倫

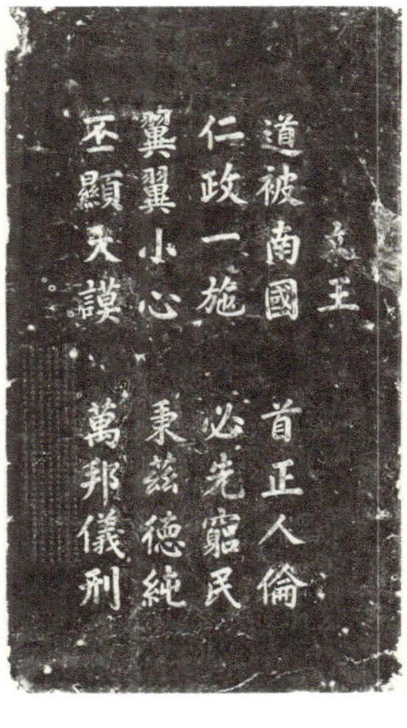
文王
道被南國 首正人倫
仁政一施 必先窮民
翼翼小心 秉茲德純
丕顯文謨 萬邦儀刑

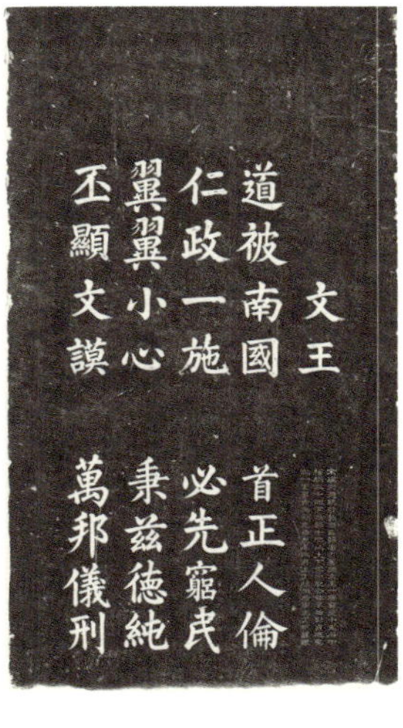
文王
道被南國 首正人倫
仁政一施 必先窮民
翼翼小心 秉茲德純
丕顯文謨 萬邦儀刑

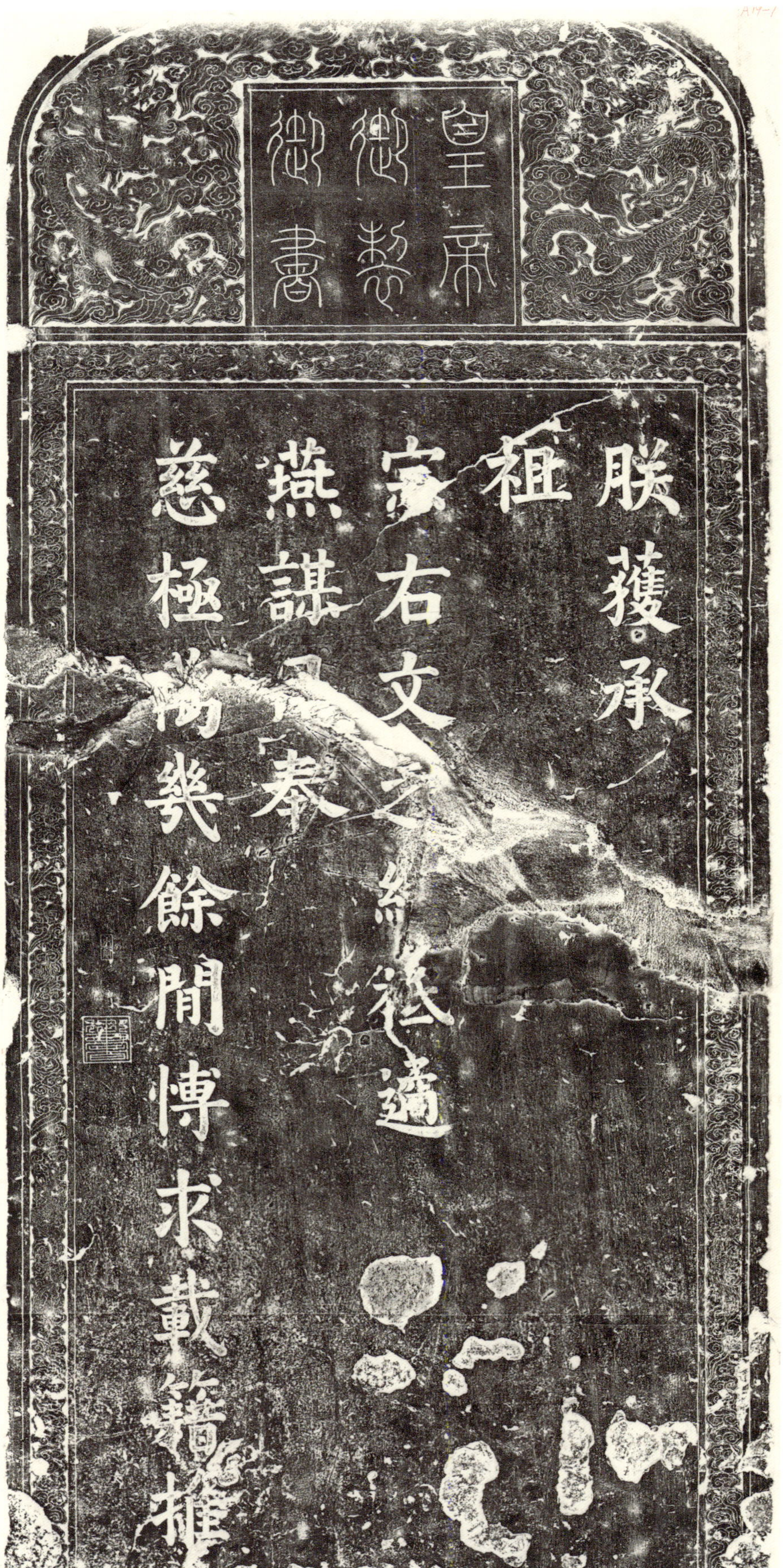

释文

朕获承祖宗右文之绪，祗遹燕谋，日奉慈极，万几余闲，博求载籍，推

碑高一百九十二厘米，宽八十七点五厘米，厚十九点五厘米，有『庚寅』『御书』印各一方。

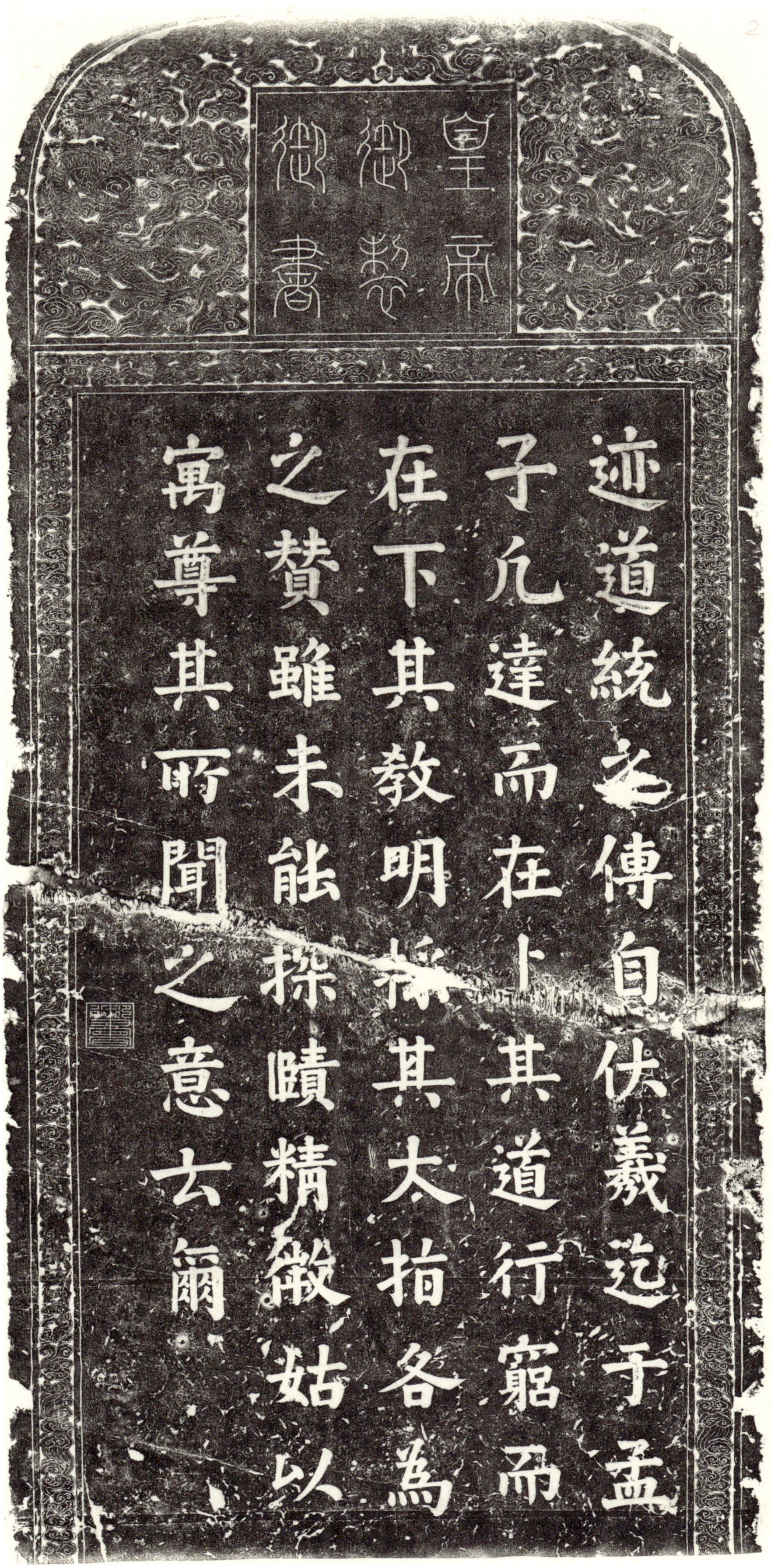

释文

迹道统之传，自伏羲迄于孟子，凡达而在上其道行，穷而在下其教明，采其大指，各为之赞，虽未能探赜精微，姑以寓尊其所闻之意云尔。

碑高一百九十二厘米，宽八十七点五厘米，厚十七厘米，有『庚寅』『御书』印各一方。

释文

绍定三年所制，淳祐改元，孟春祗谒先圣，就赐国子监，宣示诸生。

碑高一百九十一厘米，宽八十六点五厘米，厚十六厘米，有『辛丑』『御书之宝』两印。〔一〕碑面有裂痕，下部分泐损七字，两印亦剥蚀严重。

〔一〕两印文难以识别，据《两浙金石志》考定。

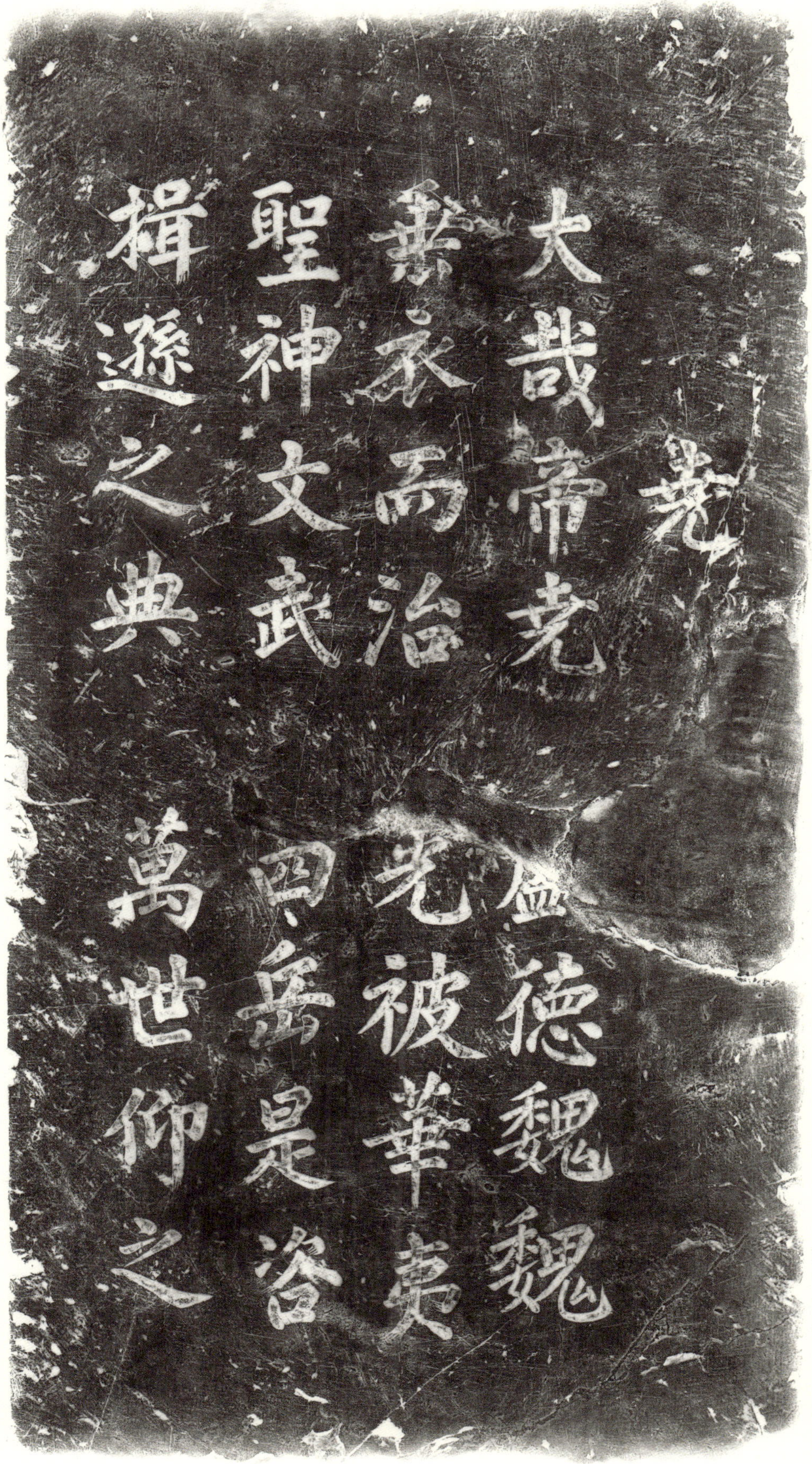

释文

尧

大哉帝尧，盛德巍巍。
垂衣而治，光被华夷。
圣神文武，四岳是咨。
揖逊之典，万世仰之。

碑高一百五十五厘米，宽七十五厘米，厚二十三厘米，碑石完整，赞词亦全，但碑面风化，未见印章。

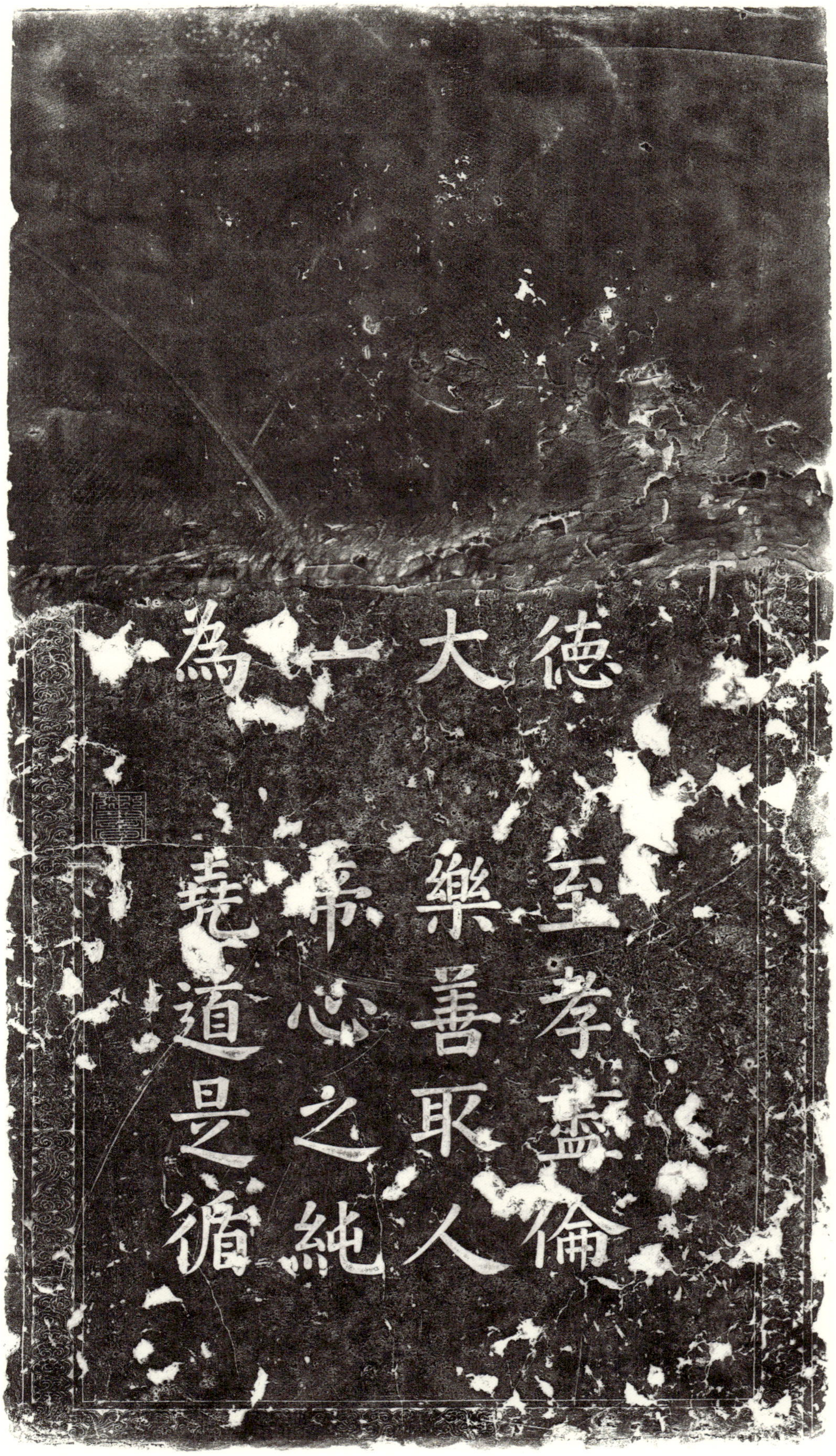

释文

舜

于皇圣德，至孝尽伦。
所以为大，乐善取人。
惟精惟一，帝心之纯。
垂拱无为，尧道是循。

碑高一百五十九厘米，宽八十六点三厘米，厚十八点五厘米，碑石上部漫灭，缺十二字，残余部分可见祥云图饰，碑面左侧有『庚寅』『御书』印各一方。

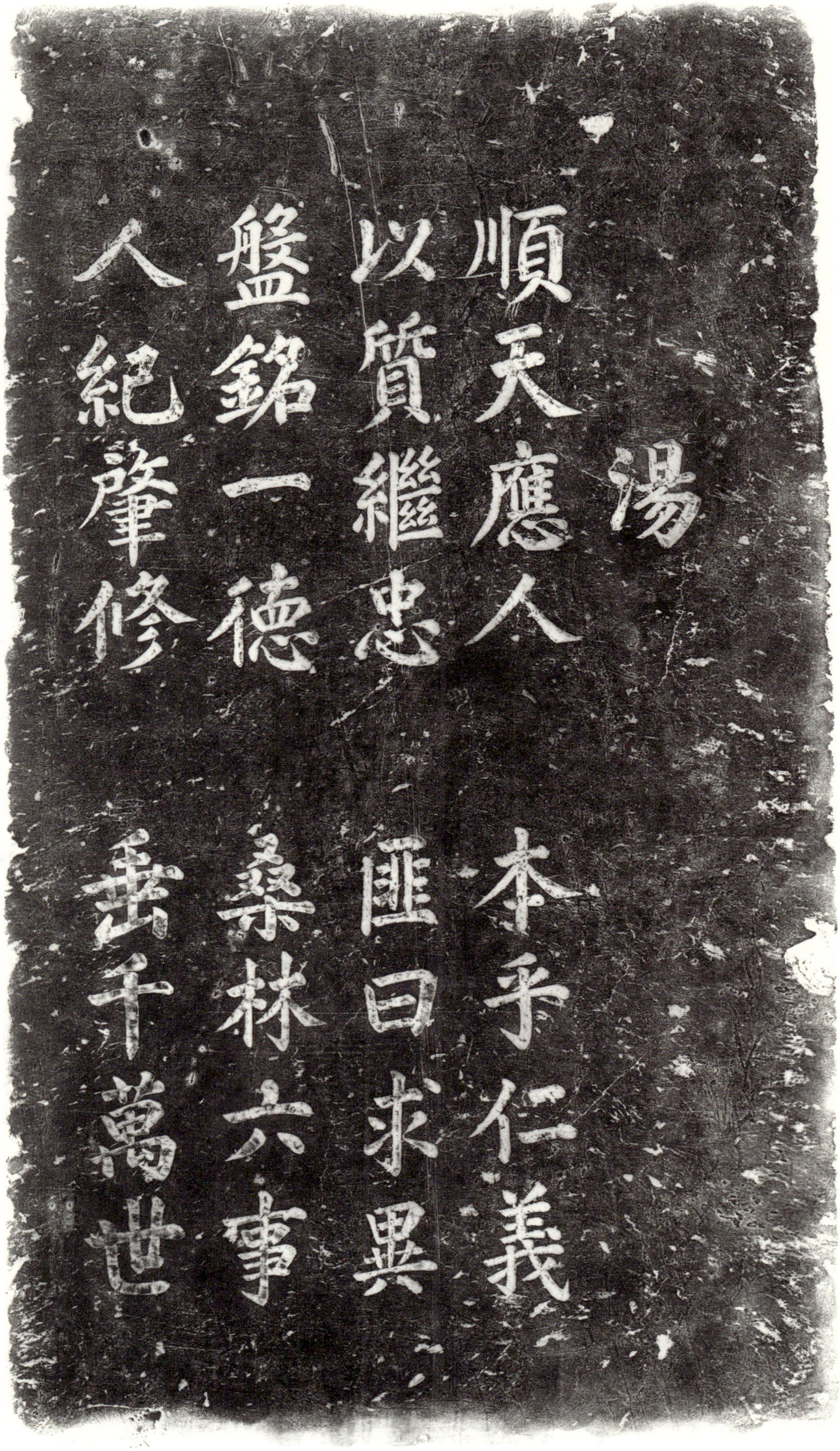
湯
順天應人
本乎仁義
以質繼忠
匪曰求異
盤銘一德
桑林六事
人紀肇修
垂千萬世

释文

汤

顺天应人，本乎仁义。
以质继忠，匪曰求异。
盘铭一德，桑林六事。
人纪肇修，垂千万世。

碑高一百五十九厘米，宽八十二厘米，厚二十三点五厘米，碑石完整，未见印章。

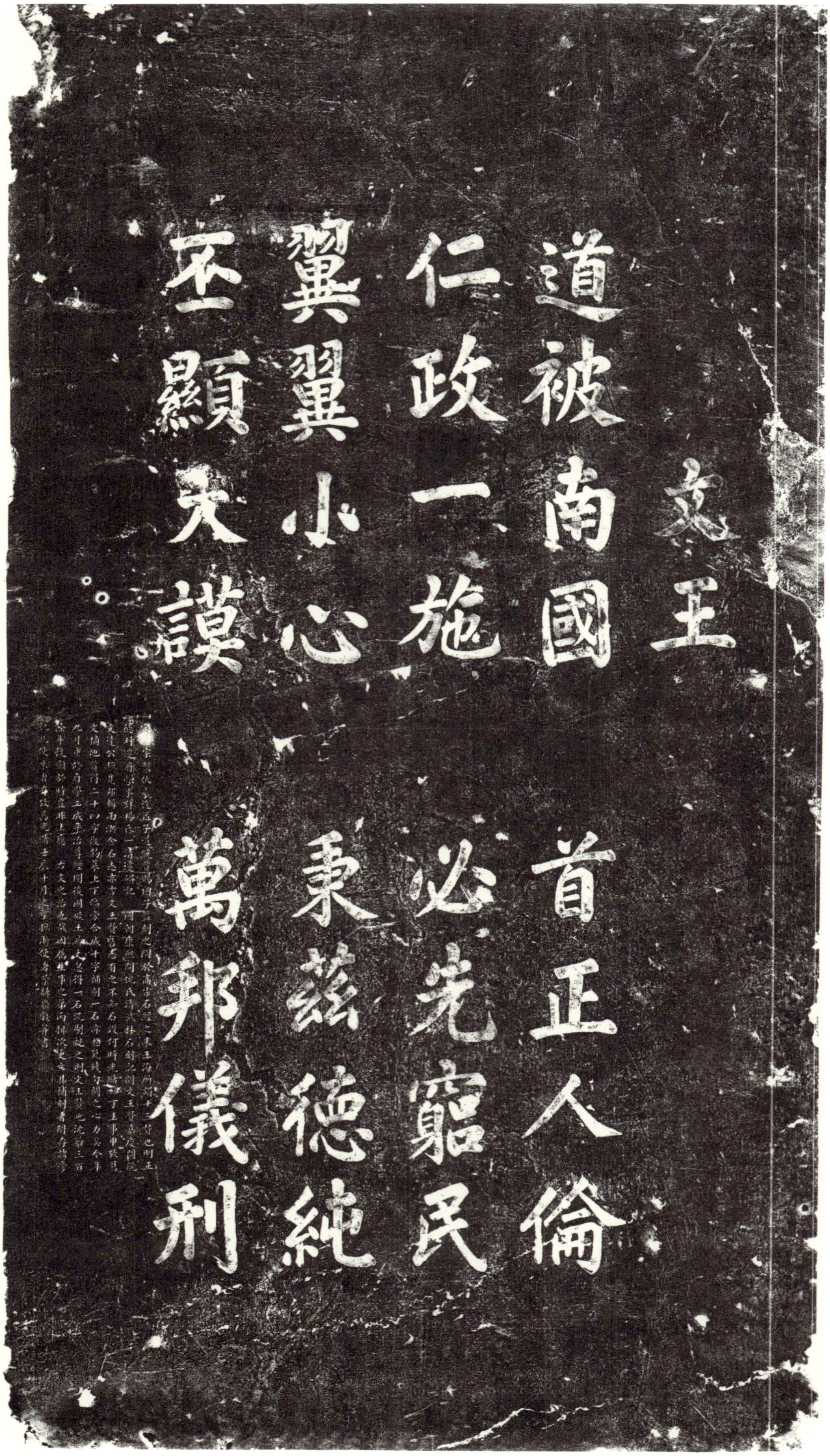
文王
道被南國
首正人倫
仁政一施
必先窮民
翼翼小心
秉茲德純
丕顯大謨
萬邦儀刑

释文

文王

道被南国，首正人伦。
仁政一施，必先穷民。
翼翼小心，秉兹德纯。
丕显大谟，万邦仪刑。

原碑高一百五十九厘米，宽八十六厘米，厚二十四点五厘米，碑石完整，碑文赞词之左有清光绪壬辰（一八九二）加刻的叶赫崧骏[一]题记，未见印章。

[一] 叶赫崧骏，生卒年不详，时任浙江巡抚。

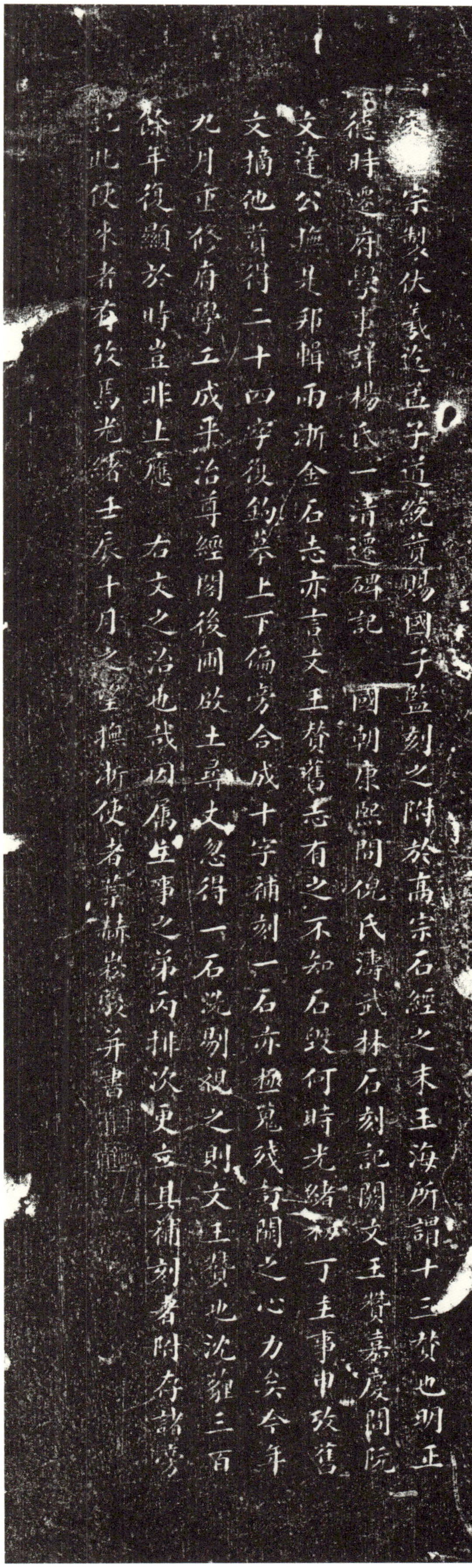
宋理宗製伏羲迄孟子道統贊賜國子監刻之附於高宗石經之末玉海所謂十三贊也明正
德時遷府學事詳楊氏一清遷碑記 國朝康熙間倪氏濤武林石刻記闕文王贊嘉慶間阮
文達公撫是邦輯兩浙金石志亦言文王贊舊志有之不知石毀何時光緒初丁主事申攷舊
文摘他贊得二十四字復鈎摹上下偏旁合成十字補刻一石亦極蒐殘訂闕之心力矣今年
九月重修府學工成平治尊經閣後圃啟土尋丈忽得一石洗剔視之則文王贊也沈薶三百
餘年復顯於時豈非上應右文之治也哉因屬主事之弟丙排次更立其補刻者附存諸旁
記此使來者有攷焉光緒壬辰十月之望撫浙使者葉赫崧駿并書

释文

宋[理]宗制伏羲迄孟子道统赞，赐国子监，刻之附于高宗石经之末，《玉海》所谓十三赞也。明正德时迁府学，事详杨氏一清《迁碑记》。国朝康熙间，倪氏涛《武林石刻记》阙《文王赞》。嘉庆间，阮文达公抚是邦，辑《两浙金石志》，亦言《文王赞》旧志有之，不知石毁何时。光绪初，丁主事申考旧文，摘他赞得二十四字，复钩摹上下偏旁，合成十字，补刻一石。亦极搜残订阙之心力矣。今年九月重修府学，工成平治尊经阁后圃，启土寻丈，忽得一石，洗剔视之，则《文王赞》也。沉薶三百余年，复显于时，岂非上应右文之治也哉。因属主事之弟丙，排次更立，其补刻者，附存诸旁。记此，使来者有考焉。光绪壬辰十月之望，抚浙使者叶赫崧骏并书。

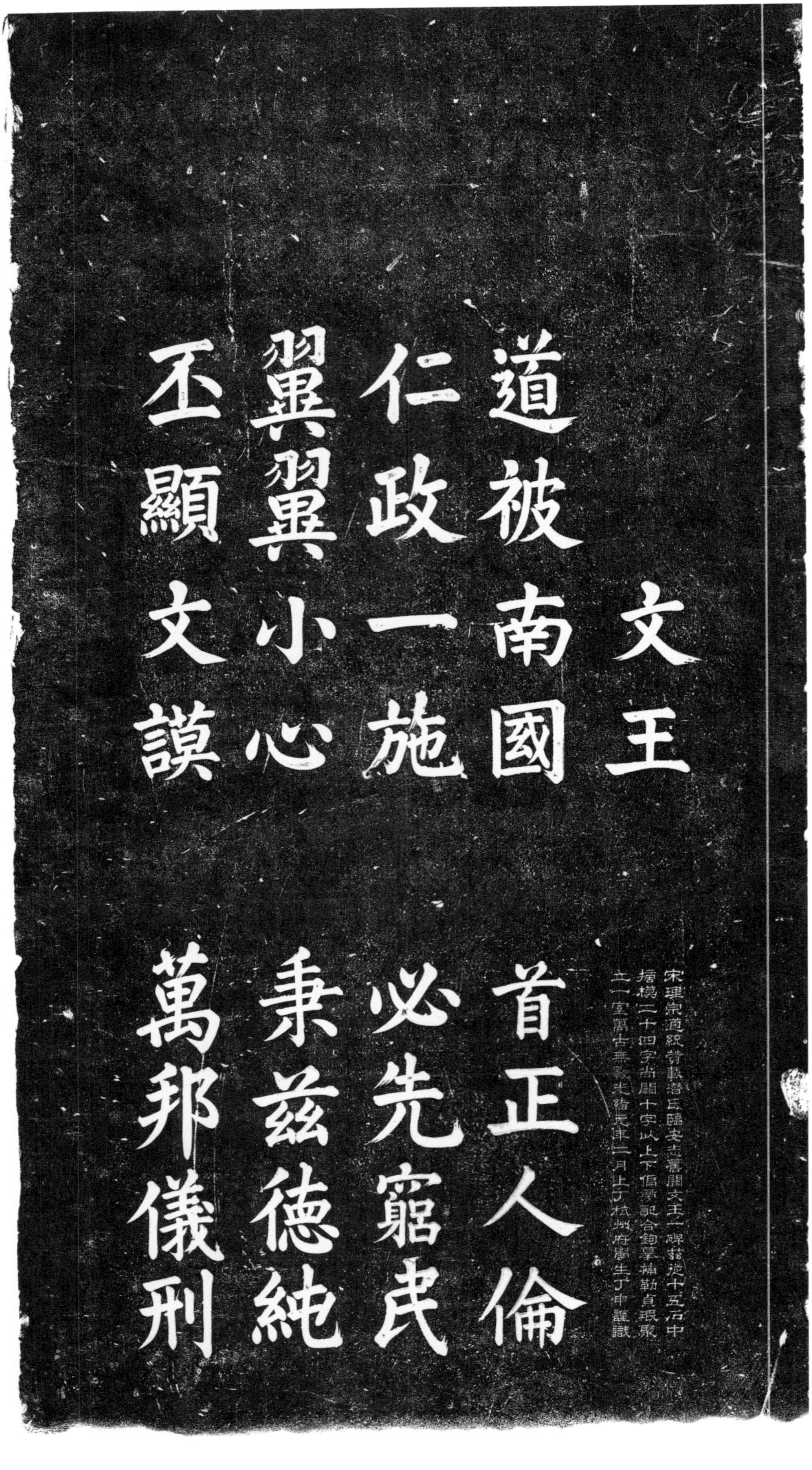

文王
道被南國
仁政一施
翼翼小心
丕顯文謨
首正人倫
必先窮民
秉茲德純
萬邦儀刑
宋理宗道統贊載潛氏臨安志舊闕文王一碑茲從十五石中
摭摹二十四字尚闕十字以上下偏旁配合鉤摹補勒貞珉聚
立一室萬古無斁光緒元年二月上丁杭州府學生丁申謹識

释文

文王

道被南国，首正人伦。
仁政一施，必先穷民。
翼翼小心，秉兹德纯。
丕显文谟，万邦仪刑。

碑高一百六十一厘米，宽八十三点五厘米，厚二十点五厘米，未见印章。据碑中杭州府学丁申〔一〕题记所言，此碑因旧缺文王赞碑，故于光绪元年（一八七五）重新钩摹原十五石中字迹补刻而成。

〔一〕丁申（一八二九—一八八七），清代藏书家、金石学家。原名丁壬，字竹舟，号礼林。钱塘（今浙江杭州）人，与弟丁丙号称『双丁』。

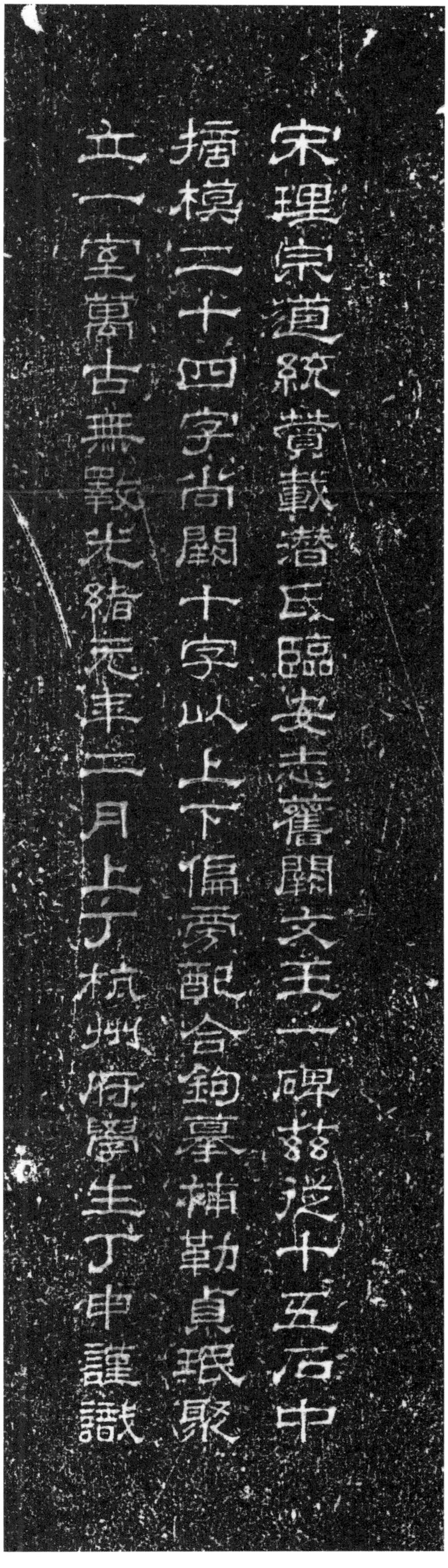
宋理宗道統贊載潛氏臨安志舊闕文王一碑茲從十五石中
摘模二十四字尚闕十字以上下偏旁配合鉤摹補勒貞珉聚
立一室萬古無斁光緒元年二月上丁杭州府學生丁申謹識

释文

宋理宗道统赞载潜氏《临安志》，旧阙文王一碑。兹从十五石中，摘模二十四字，尚阙十字，以上下偏旁配合钩摹，补勒贞珉，聚立一室，万古无斁。光绪元年二月上丁，杭州府学生丁申谨识。

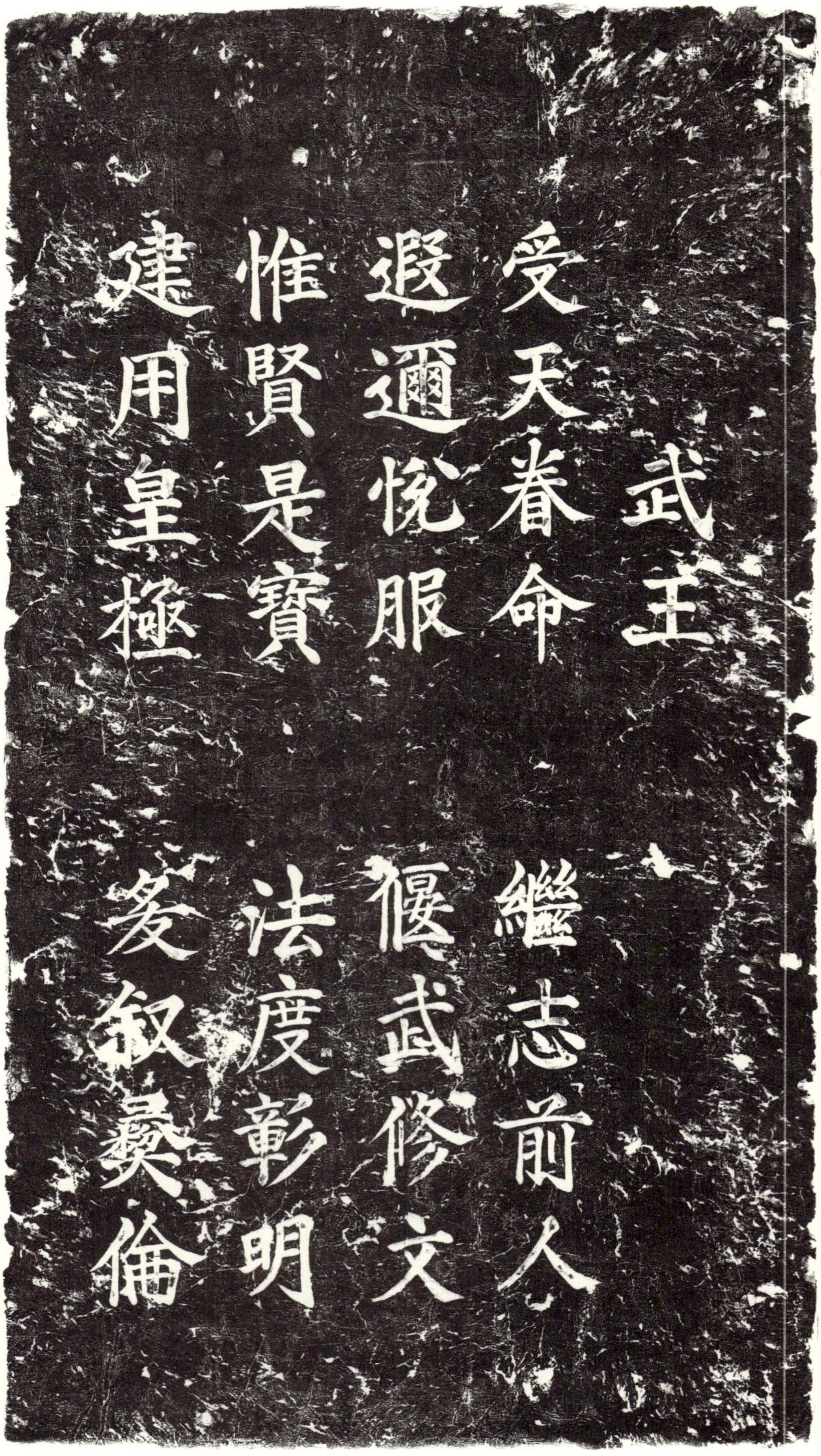
武王
受天眷命
繼志前人
遐邇悅服
偃武修文
惟賢是寶
法度彰明
建用皇極
爰叙彝倫

释文

武王

受天眷命，继志前人。
遐迩悦服，偃武修文。
惟贤是宝，法度彰明。
建用皇极，爰叙彝伦。

碑高一百五十三厘米，宽八十一点五厘米，厚二十一厘米，碑面略风化，未见印章。

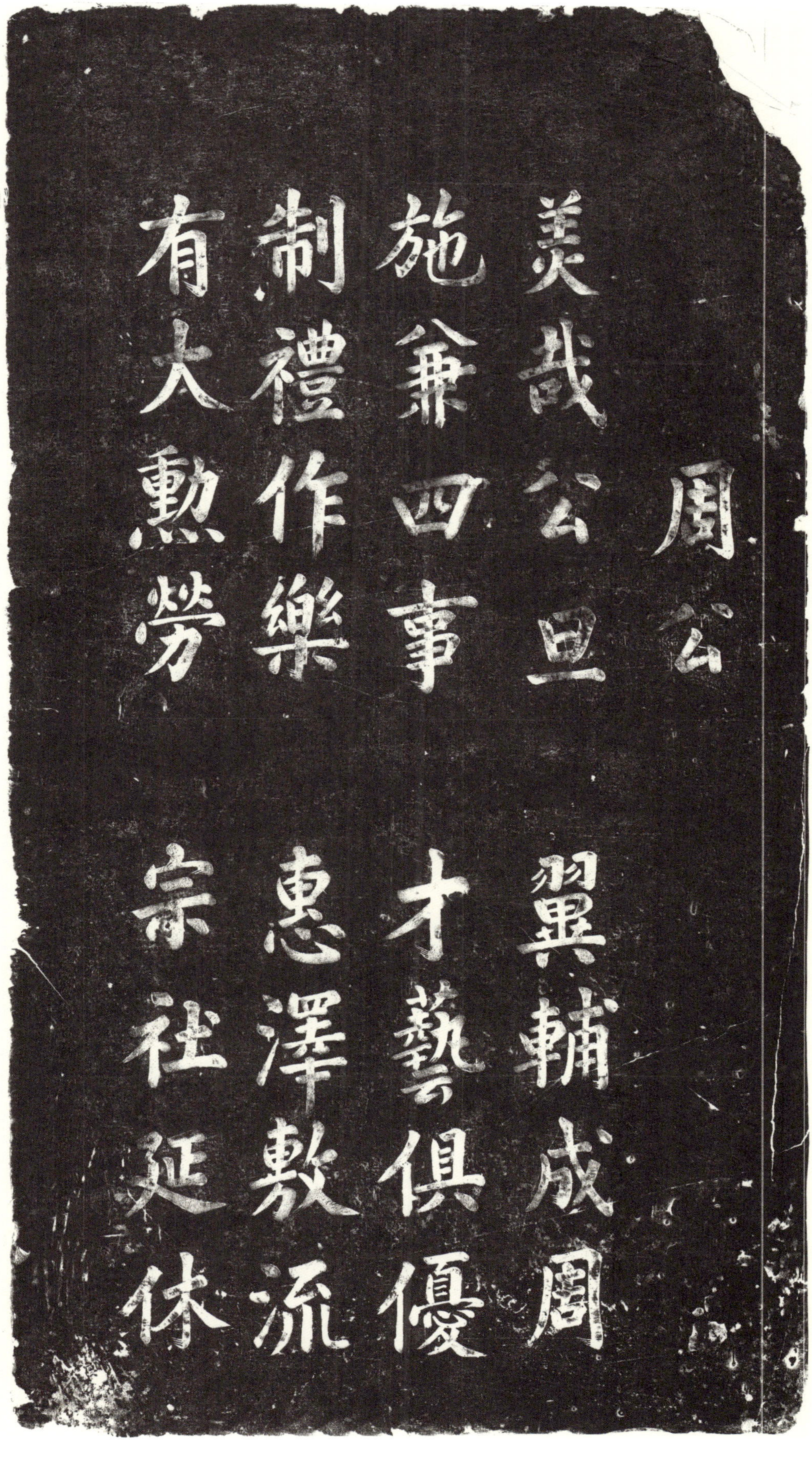

释文

周公

美哉公旦，翼辅成周。
施兼四事，才艺俱优。
制礼作乐，惠泽敷流。
有大勋劳，宗社延休。

碑高一百五十九厘米，宽八十五点五厘米，厚二十六厘米，碑石完整，字迹清晰。

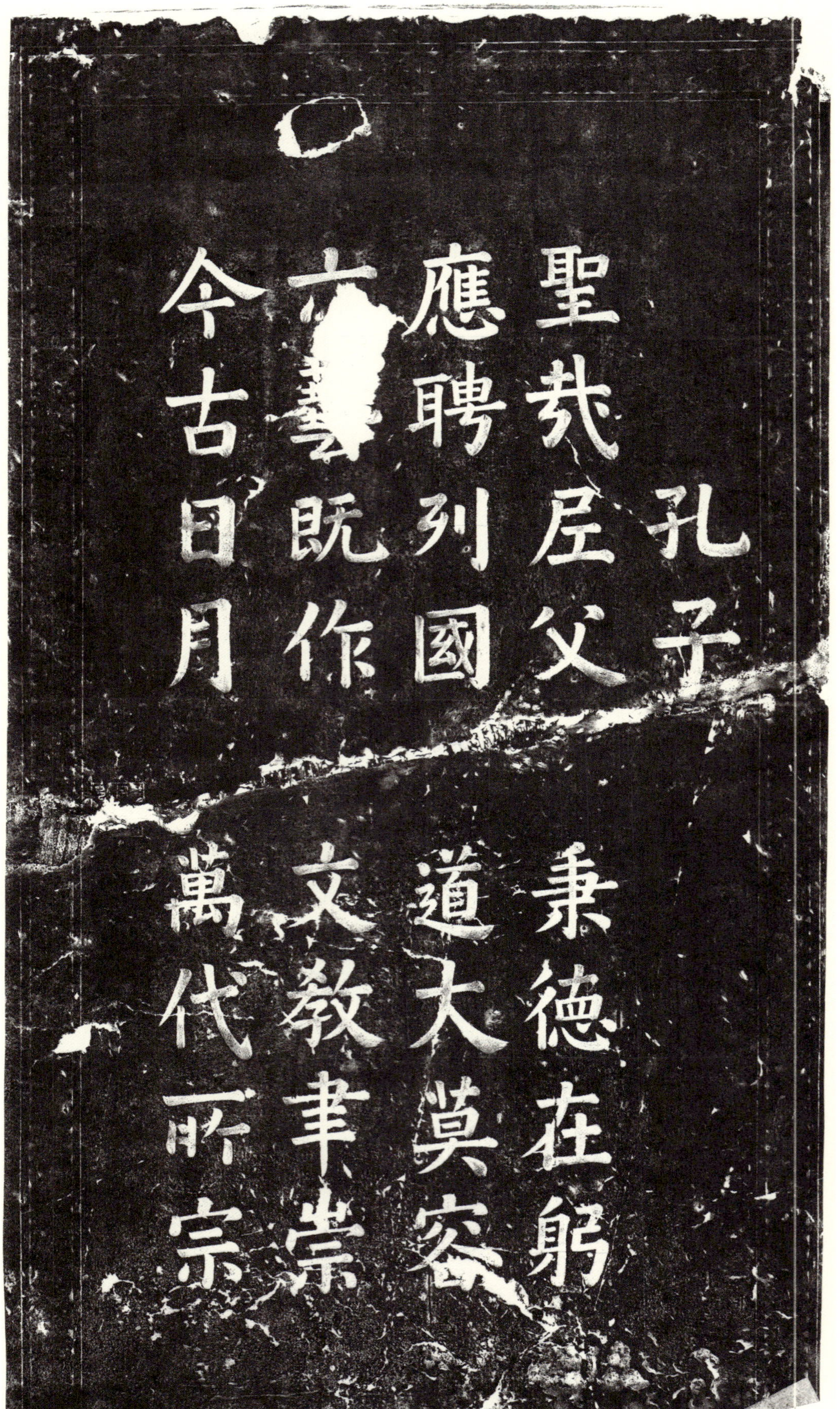

释文

孔子

圣哉尼父，秉德在躬。
应聘列国，道大莫容。
六艺既作，文教聿崇。
今古日月，万代所宗。

碑高一百五十四点五厘米，宽八十七点五厘米，厚二十一点五厘米，四周刻有祥云图饰。碑中间有一裂痕，部分笔画泐损，有『庚寅』『御书』印各一方。

道大莫容
文教聿崇
萬代所宗

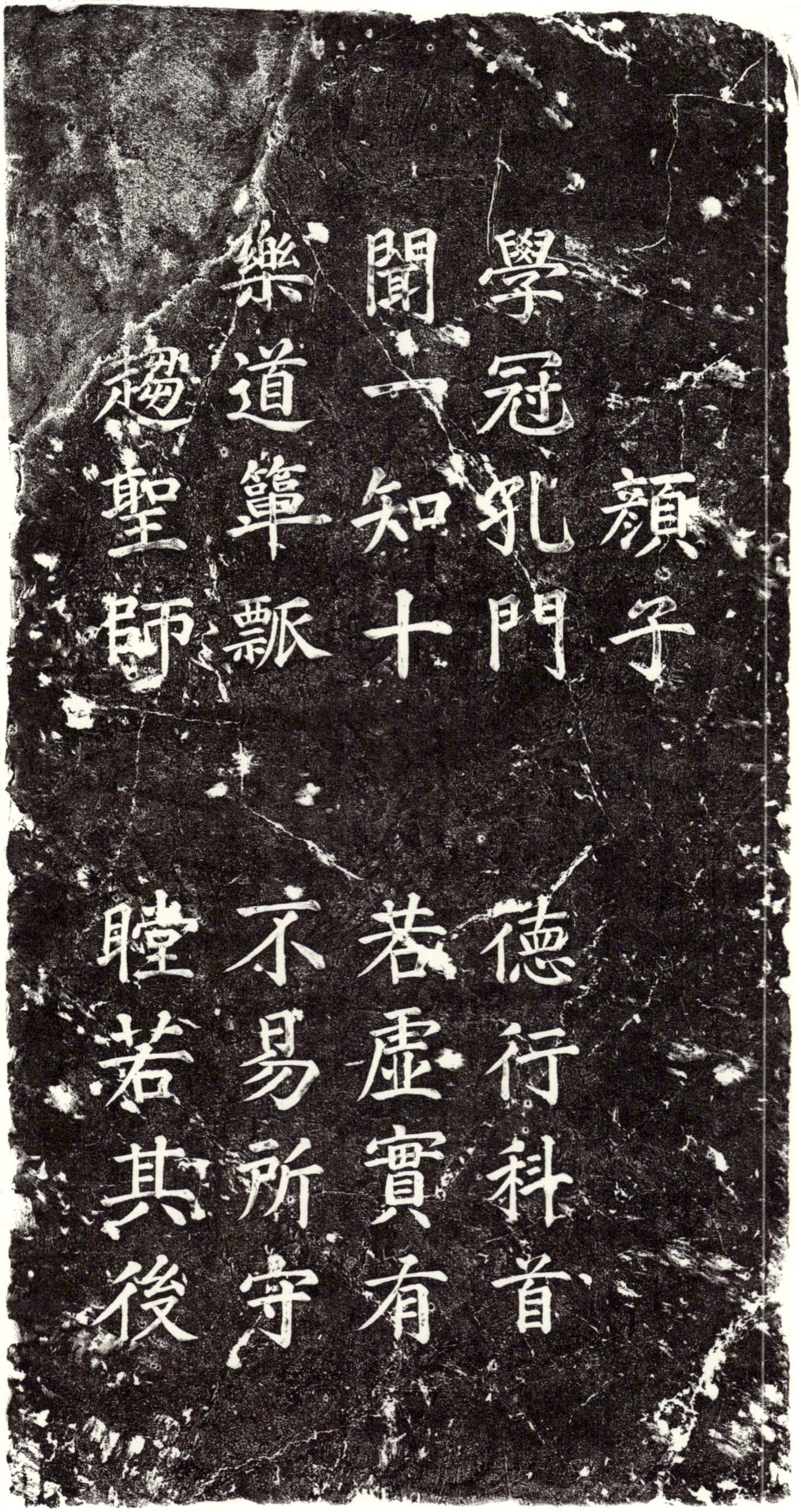

释文

颜子

学冠孔门，德行科首。闻一知十，若虚实有。乐道箪瓢，不易所守。[步]趋圣师，瞠若其后。

碑高一百五十七厘米，宽七十八厘米，厚二十一点五厘米。上列第四行第一字漫灭，未见印章。

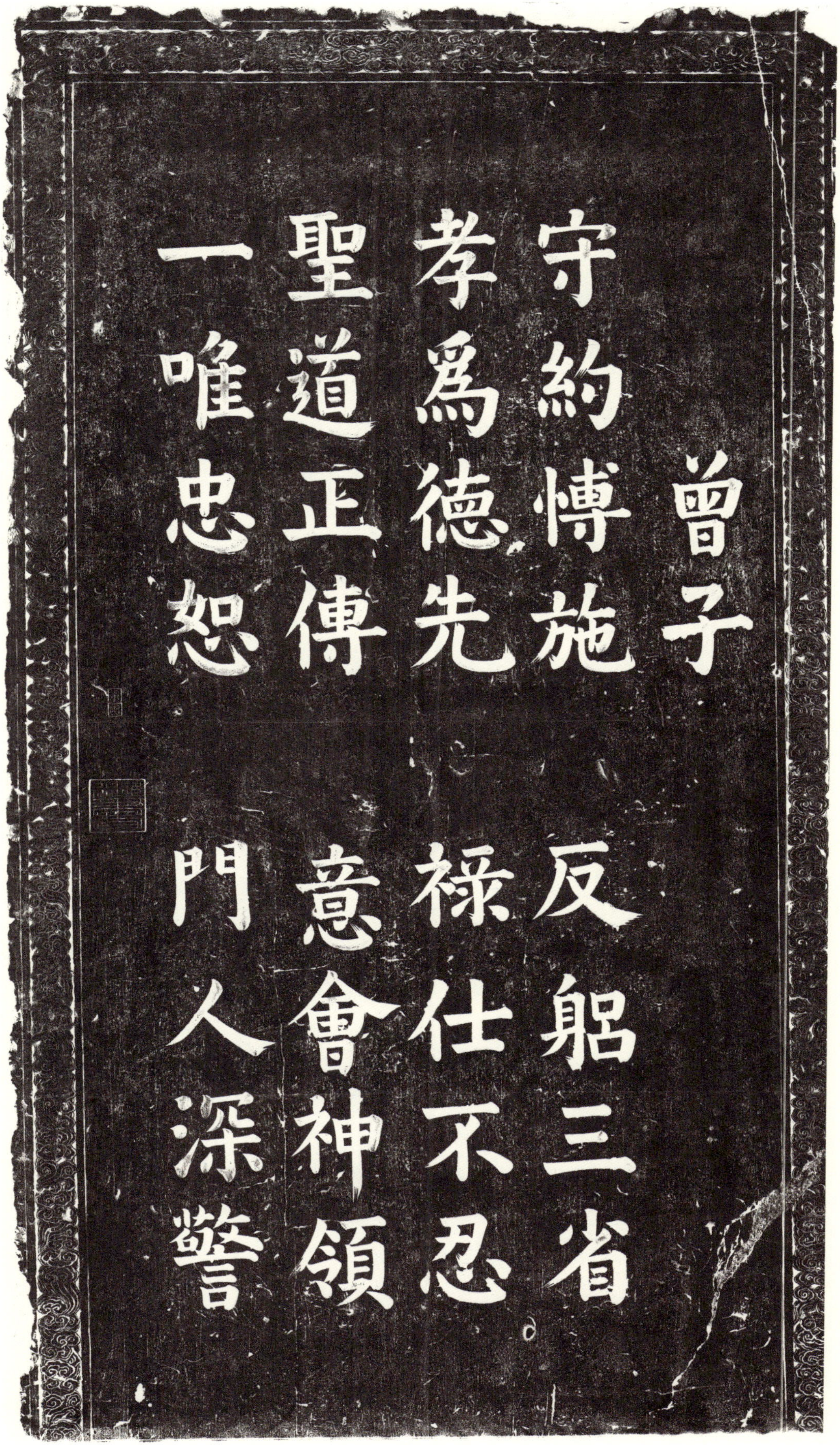
曾子
守約愽施
孝爲德先
聖道正傳
一唯忠恕
反躬三省
祿仕不忍
意會神領
門人深警

释文

曾子

守约博施，反躬三省。
孝为德先，禄仕不忍。
圣道正传，意会神领。
一唯忠恕，门人深警。

碑高一百五十二厘米，宽八十四厘米，厚二十三厘米，四周刻有祥云图饰，碑左边中间有『庚寅』『御书』印各一方。

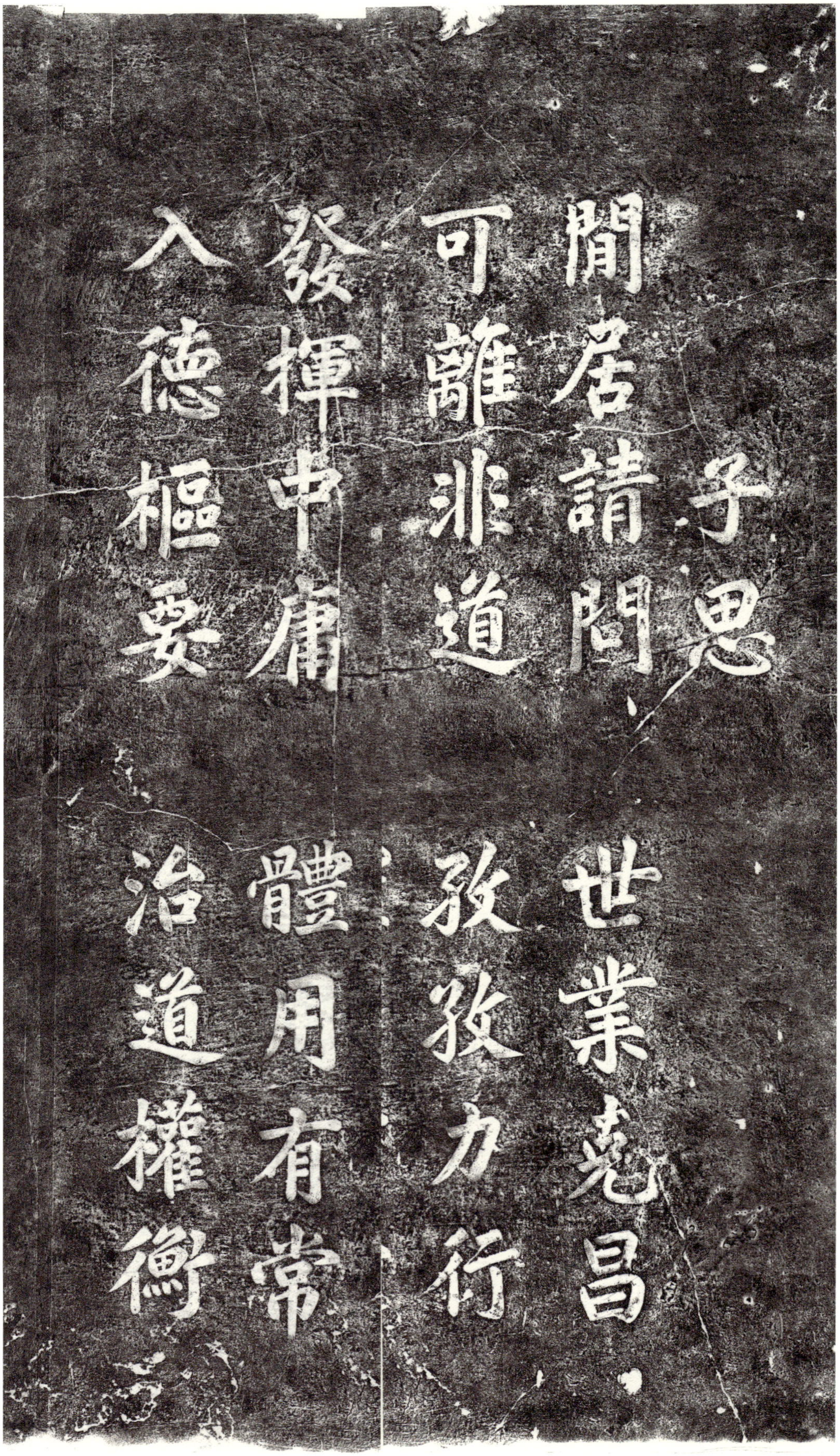
子思
閒居請問
可離非道
發揮中庸
入德樞要
世業克昌
孜孜力行
體用有常
治道權衡

释文

子思

闲居请问，世业克昌。

可离非道，孜孜力行。

发挥中庸，体用有常。

入德枢要，治道权衡。

碑高一百五十九厘米，宽一百零三点五厘米，厚二十五厘米，碑石完整，字迹清晰，未见印章。

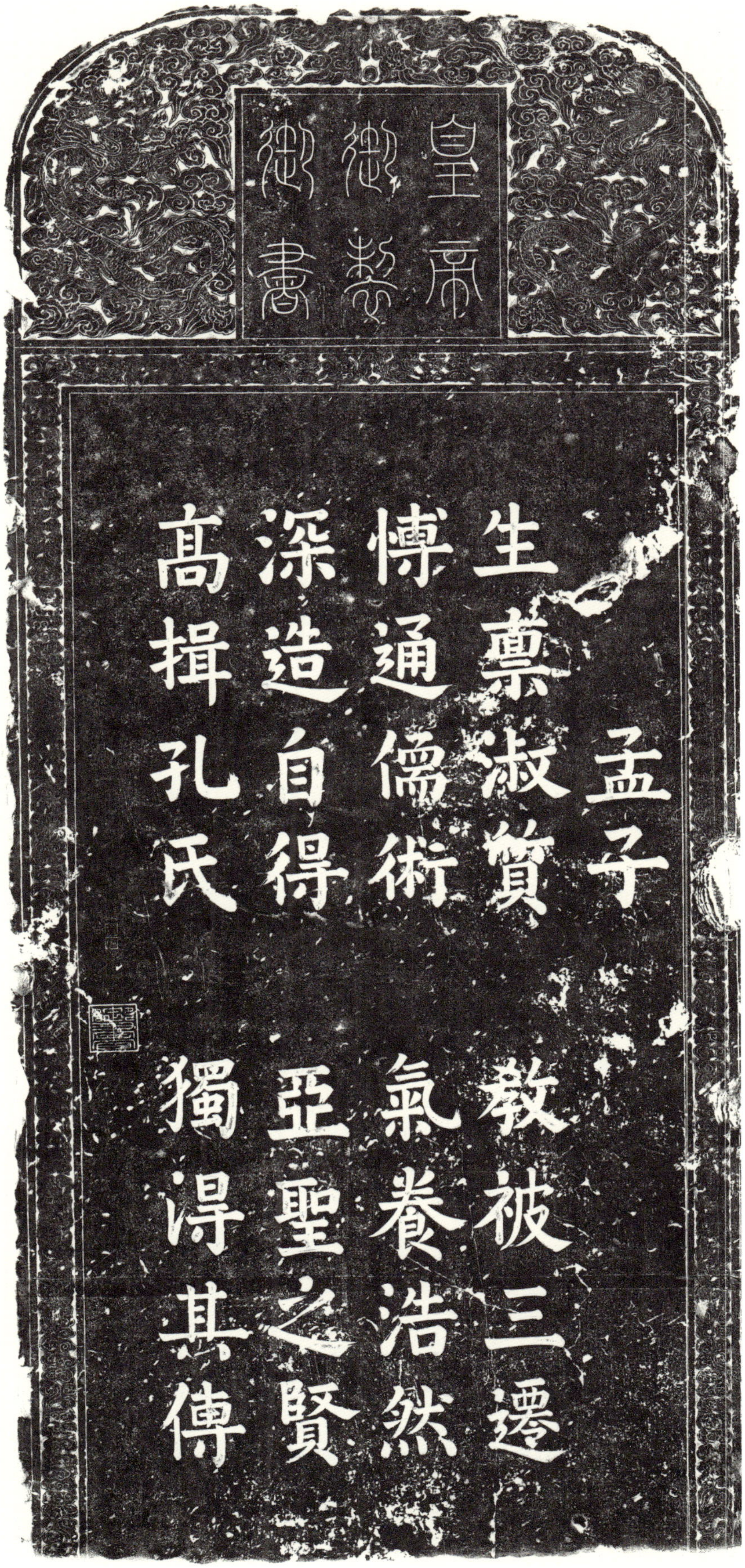

释文

孟子

生禀淑质，教被三迁。
博通儒术，气养浩然。
深造自得，亚圣之贤。
高揖孔氏，独得其传。

碑高一百八十七点五厘米，宽八十五厘米，厚二十五点五厘米，有与诸『序』相同的碑额，其旁刻双龙飞云纹饰，有『庚寅』『御书』印各一方，碑身四周刻祥云。

《宋理宗御书〈圣贤赞〉》石刻初考

冯　立（中国美术学院）
金霄航（杭州市文物遗产与历史建筑保护中心）
张翔宇（中国美术学院）

杭州孔庙碑林藏《宋理宗御书〈圣贤赞〉》石刻，是南宋理宗赵昀御制御书的碑刻作品，历代史料多有记载。本文中，笔者通过对现存实物与历代史料记载的比对和梳理，并结合碑刻形制、文本、书风、印鉴等方面进行综合考察，对刻石流传、刊刻时间、刻石年代等问题做出新的推断，并提出该石刻有历经多次散佚、补刻的可能。

一、石刻流传概况及其书刻时间考

《宋理宗御书〈圣贤赞〉》[1]，又名《道统十三赞》《历代帝王圣贤赞》《理宗道统赞》《淳祐圣贤十三赞》，是南宋理宗赵昀（1205—1264）亲书并颁布于太学的御书御制碑刻，原刻有16石，前2石为序，1石为记[2]，13石为圣贤赞文，上起伏羲，下迄孟子。今存15石，缺“伏羲”“禹”2石，其中“文王”有2石，一是清光绪元年（1875）集字、偏旁补刻而成，一是光绪壬辰（1892）复得，并立一室。此刻原立于南宋太学石经之末，明正德十二年（1517）移存杭州府学，今存杭州孔庙碑林（图1）。

关于此碑的记载，较早者见于《咸淳临安志》《宋史新编》《玉海》等。《咸淳临安志》载：

> 淳祐改元正月丙午下明诏，戊申，夙驾銮路。祇谒先圣，厘正从祀，跻五贤，黜安石，临视大学，升御崇化堂，命国子祭酒臣穃（曹穃）讲《大学》，荐绅衿佩，觌仪泳仁，肃肃雅雅，乃敓御制十三赞于学。[3]

1　为避免行文繁琐，后文称简称为《十三赞》或《道统十三赞》。

2　该石部分资料中也认为是序，实则该石文本与序有别。

3　〔宋〕潜说友《咸淳临安志》卷十一，四库全书本。

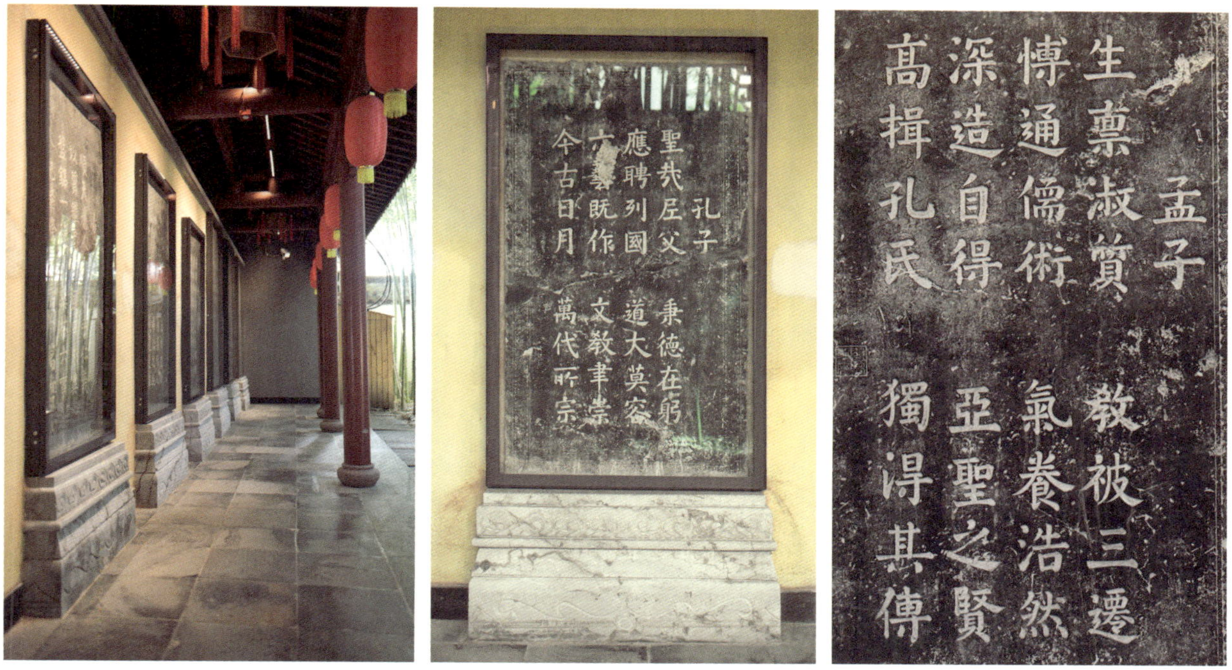

图 1　杭州孔庙碑林藏《宋理宗御书〈圣贤赞〉》碑石现状

志中还言明御制御书《十三赞》的缘由及赞文（赞文见附录）：

淳祐元年正月，理宗皇帝将视学，首降御笔，升周颐等五臣从祀，而削王安石，曰："朕惟孔子之道，自孟轲后不得其传。至我朝周颐（周敦颐）、张载、程颢、程颐，真见力践，深探圣域，千载绝学，始有指归。中兴以来，又得朱熹精思明辨，表里混融，使《中庸》《大学》《语》《孟》之书，本末洞彻，孔子之道，益以大明于世。朕每观五臣论著，启沃良多。今视学有日，宜令学宫列诸从祀，以示朕崇奖儒先之意。"又曰："王安石谓'天变不足畏，祖宗不足法，人言不足信'，此三语为万世之罪人，岂宜从祀孔子庙庭，合与削去，于正人心、息邪说，关系不小。令国子监日下施行。"乃以戊申行礼，颁御制伏羲以下《道统十三赞》，宣示诸生。[1]

《宋史》：

淳祐元年……制《道统十三赞》，就赐国子监，宣示诸生。[2]

《玉海》亦有"淳祐视太学"之载：

1　同上。

2　〔元〕脱脱等《宋史》卷四十二，中华书局，1977 年，第 821—822 页。

淳祐元年正月戊申十日，临视太学，祭酒曹觱讲《大学》，吏部侍郎杜范执经，御制《圣贤十三赞》，宣示诸生。厘正从祀，跻五贤，黜安石。诏有“明义理、修文行，涵养忠厚，砥砺廉隅”之训。[1]

南宋理宗时期（1225—1264），由于统治者宋理宗的大力倡导推行，程朱理学取得了思想上的正统地位。在亲政后的第5年，即绍定三年（1230），宋理宗亲制《道统十三赞》，又在淳祐元年（1241）正月戊申日，跻周敦颐、张载、程颢、程颐、朱熹五贤，从祀于孔庙，罢黜王安石，幸太学、谒孔子，以《道统十三赞》赐国子监，宣示诸生。

而后，亦多有史籍载录此碑，明《万历杭州府志》中，杨一清所记较为详尽：

正德十二年（1517），巡按监察御史宋廷佐檄知府留志迁仁和县学石经于戟门外两偏，《道统十三赞》于尊经阁下，大学士丹徒杨一清为记：

……理宗绍定五年（1232），又以所制伏羲以来《道统十三赞》刻之，附诸石经之末。宋亡，学废，元西僧杨琏真伽谋运致诸石为寺塔址，赖廉访经历申屠致远之力而止，然亦仅存其半矣，后改学为西湖书院，诸残碑实在焉。国朝洪武十二年（1379）即书院建仁和学。宣德二年（1427），巡按御史海虞吴公讷慨石经残缺，属知府卢玉润收集之，得全刻及断毁者若干，分丽其中。天顺三年（1459），改建县学于今所，其诸石悉徙以从，四十年于兹。……乃檄府，命移置诸石于府学焉。……徙图像于尊经阁下，甃以瓴壁。石经及表忠观诸碑则徙于棂星门北之两偏周廊……石之数，图像十有五，赞八，《易》二，《书》七，《诗》十，《春秋》四十有八，《论》《孟》《中庸》十有九。[2]

清初，朱彝尊《经义考》（1695）、杭世骏《石经考异》（1792）、王昶《金石萃编》（1805）以及叶赫崧骏“文王石跋”中对《十三赞》的记录皆沿用杨一清所记（后称“杨记”），其中《经义考》对《十三赞》的流转时间与碑石数量又加以考订：

按：南宋太学石经碑，为嘉木杨喇勒智取其材建白塔寺，其仅存者，明宣德二年，常熟吴公讷于杭州府儒学筑廊先师庙仪门外贮之。崇祯甲申（1644），后廊圮，乃嵌壁中，左壁《易》二碑、《书》六碑、《诗》十二碑、《礼记》惟《中庸》一碑、《论语》七碑、《孟子》十一碑，右壁《春秋左传》四十八碑，共八十七碑，

1 〔宋〕王应麟《玉海》卷一百十三。

2 〔明〕戴日强编纂《万历杭州府志》卷四十，明万历七年刻本，第1381页。

东壁南有理宗御制序四碑，当时臣寮如洪迈等记跋皆遗失不可复问矣。[1]

结合史料，可对现存《十三赞》的刊刻时间进行如下讨论：

首先，关于史料中的“制”字，通常有制文与制碑两种释义。《万历杭州府志》载“绍定五年，又以所制……刻之”，可见绍定五年（1232）之前此碑未刻，则可以断定史料中与“绍定三年”相配的“制”意指制文，其后的时间中则为“刻制”之意。

其次则需要讨论石刻的排序问题。根据御书的一般用印习惯，作品上钤盖的纪年印代表该作品的书写时间（后文详论）。而按《两浙金石志》载，《十三赞》诸石除“序3”钤“辛丑（1241）”“御书之宝”印外，均有“庚寅（1230）”“御书”2印[2]，故原《十三赞》中15石应书于绍定三年（1230），1石书于淳祐元年（1241）。观《咸淳临安志》所载原文，可见“朕获承……云尔”与“伏羲”等赞文前后相承，而今“序3”石的文本位列其末，且撰、书时间在序、赞之后，可见此石原或置于最末，应为整篇《十三赞》颁布之“记”。因此，笔者认为《十三赞》诸石原先的顺序或为：序、赞、记[3]。

再纵览前引史料，“绍定五年”之说均继以“附诸石经之末”等语句，“淳祐元年”之说则继以“宣示诸生”，可见两说法在所述事实上互有避让，足以存在与二者均不相违的现实情况。至此，对《十三赞》书刻时间可作如下推论：

按杨一清记，赞文13石及序文2石为绍定三年（1230）撰并书，绍定五年（1232）刻之，附石经之末。淳祐元年（1241），理宗祇谒先圣，并御书加刻“记”，与前诸石一并宣示诸生，合为后来的《十三赞》石刻。

该推论的提出基于一种可能的假设：《宋史》等未记初刻之事，而方志、府志、金石志等引用杨一清所记，未记加刻、宣示诸生之事。结合文献与实物的互证、补充，这一推论与各史料均无相违之处，具有较高的可信度。

此外，《金石萃编》对于《十三赞》的书刻时间又有一说：

（《十三赞》）前有“庚寅”“御书”印，后有“辛丑”“御书之宝”印。庚寅是绍定三年，辛丑是淳祐元年，然则此赞是辛丑重书上石矣。碑在杭州府学，今之府学即南宋临安府学，非国子监也。[4]

---

1 〔清〕朱彝尊《经义考》卷二百九十，四库全书本。

2 现存仅7石有印，其中问题后文详论。

3 此后行文对第三“序”以“记”更替。

4 〔清〕王昶《金石萃编》卷一百五十二，清嘉庆十年刻本。

该编所言，《十三赞》为“辛丑”即淳祐元年（1241）重书上石，这恐怕同样是根据“记”的印迹而下的结论，并认为庚寅（1230）御书之后，又于辛丑（1241）重书。该说法不仅与杨一清所记“绍定五年刻之”一说不合，且诸石皆钤“庚寅”“御书”二印亦无法解释。至于为何重书，《金石萃编》则未有详论，因此笔者认为“辛丑重书上石”一说欠妥，故不予详述。

综上可知，《十三赞》于绍定三年（1230）成文，绍定五年（1232）刊刻附于《石经》之末，淳祐元年（1241）于国子监宣示诸生。其后南宋灭亡，太学废，《十三赞》随《石经》流转，屡遭兵灾战乱。元代西僧杨琏真伽曾取碑石建造寺塔，虽遭廉访司经历申屠致远大力制止，但仍损毁近半。彼时太学又改为西湖书院，明洪武十二年（1379）西湖书院建仁和学。宣德二年（1427），巡按浙江监察御史吴讷将收集的石经等残碑石，存放于杭州府儒学筑廊先师庙仪门外。天顺三年（1459）县学迁移，诸碑一并随迁，《十三赞》则置于棂星门北的周廊中，此时《十三赞》已由原初的16石余剩至8石。崇祯甲申（1644）之后，周廊坍塌，碑石被嵌入墙壁，《十三赞》位于东壁南墙，且只剩4碑。正德十二年（1517），诸碑又移置杭州府学（今杭州孔庙）。如此说来，明代只剩4石的《十三赞》为何如今又增至15石?

二、史籍所载文本与现存碑石疑云

现存于孔庙的碑石中，“文王”2石上分别有两段跋语，一为丁申所记，一为叶赫崧骏所记，二者皆清末人。

据丁申题记，《十三赞》“旧阙文王一碑”。而阮元《两浙金石志》载：

> ……杨一清《迁石经碑记》赞止八石。《玉海》始有道统十三赞之目，而今所传与旧数又复不协，有武王而无文王，大约兵燹之余，又经杨秃之毁，或已毁者，或后出者，其详不可得闻矣。[1]

阮元、丁申等人都提及“文王”的遗失，而对如今不知所踪的“伏羲”“禹”2石只字未提，且《道统十三赞》的文本既可考得，却只补刻“文王”1石。再读丁申题记，“兹从十五石……”，可见丁申补刻“文王”并题记之时（1875），“伏羲”“禹”2石仍未失去。

---

1 〔清〕阮元《两浙金石志》，第277页。

此外，丁申题记中提及“宋理宗道统赞载潜氏《临安志》”，此《临安志》即《咸淳临安志》，可能也是补刻“文王”的文本参照，其将文王赞当中一句记为“丕显文谟”。这一语句在历代圣贤赞中十分常见，但此碑中“文王”原石与补刻“文王”石于此处用字相异——原石为“丕显大谟”，补石为“丕显文谟”。阮元不能得见“文王”原石，《两浙金石志》中记载的文本是其“补录”自旧志[1]，而成化以来的府志中均载为“丕显大谟”，不同于与成碑时间更相近的宋刊本《咸淳临安志》所载，而与后出的“文王”原石相同。

如此看来，对《十三赞》文本的记载中，宋刊本《咸淳临安志》中的“丕显文谟”符合历代圣贤赞的语言习惯，丁申应该正是以此为依据进行补刻，而后来的“丕显大谟”与后出的“文王”原石相同，尽管语义上仍可以解释，但字面上并不符合前人遣词的通常习惯。

关于“文”与“大”究竟哪个是原刻的用字，可进行一些推理。从习语的层面，“大谟”易误作“文谟”，而在单纯的字形层面上，则“文”易误作“大”。假如原碑作“大”，则宋刊本《咸淳临安志》有误，因“文谟”是常用语，成书过程中可能误写、误刻，继而成为补刻“文王”的参考。假如原碑作“文”，再结合第一章论及的疑云，则后出的“原石”可能并非原刻，而是宋以后出于某些原因补刻，并将“文”误作“大”，进而被后来的史料所录入，后又遗失、复现，被误以为是原石。此二种假设姑且可以解释此两块“文王”的文本差异问题，仅供参考。

此外，阮元《两浙金石志》中所载的“迁石经碑”后又称“迁石经记”，尽管不能索得其原本，但府志中所引杨一清记确实可见“赞八石”，虽为一家之言，但屡经转载，且前文也已推论，可信度较高。为便读者观览，在进行下一步论述前，将自杨一清以来的部分史料所述要点制成表格附上（表1）：

表1

信息来源	参考时间	石刻数量	印章	高度	备注
《万历杭州府志》	明万历以前	15 （缺“文王”）	未提及	俱高五尺 （约180厘米）	“文王”注“缺”
倪涛《武林石刻记》《六艺之一录》	清康乾之际	15 （缺“文王”）	未提及	赞连额四尺一寸 （145厘米左右） 序三尺八寸 （135厘米左右）	抄录《十三赞》文本，无“文王”
丁敬《武林金石记》	清康熙 乾隆年间	15 （缺“文王”）	未提及	赞四尺一寸 （145厘米左右） 序未提及	抄录《十三赞》文本，无“文王”

1　同上。原文“旧志有之，不知石毁何时，今补录……”。

续表

信息来源	参考时间	石刻数量	印章	高度	备注
王昶《金石萃编》	清嘉庆年间	15 （缺“文王”）	未提及	俱高五尺七寸 （约200厘米）	“文王”注“缺”
阮元《两浙金石志》	清嘉庆年间	15 （缺“文王”）	均有 印章	未提及	抄录“文王”外所有文本，提及“文王”的缺失，并从他处补录文本
“文王”两石 叶赫崧骏、丁申题记	清光绪年间	15 （缺“文王”）	未提及	未提及	
现状		14 （缺“伏羲” “禹”）	7块 有印章	参差不齐 （详见附录）	

1. 参考时间指石刻信息被采集的时间，主要结合各史料的内容或成书时间、作者生卒推定大致范围。

2. 尺寸根据1尺=35.5厘米换算。

3. 按参考时间先后排序。

4. 为避免干扰对比，石刻宽度不列入，且补刻“文王”石作为石刻亦不计入此表，仅作为信息源。

观察现存石刻，除前3石俱有碑额及云纹边饰外，“舜”“孔子”“曾子”“孟子”亦有云纹边饰，其中“孟子”有额，其余则碑额与纹饰均无。巧合的是，《两浙金石志》所记印章也唯独前列数石有。该《志》称每碑均有印章，而当前只有“孔子”“孟子”“曾子”“舜”“记”及2“序”能观察到印章的痕迹。并且，在有印章的石刻中，除“记”稍有出入外，印章的位置无一例外都在碑面左半边的特定位置，但即使是较为完好的“周公”等碑面，经仔细勘寻亦不得见印章痕迹，而损坏程度较高的“记”“舜”等碑面，或许印文未必易识，印章的存在却是清晰可见的。因此，《两浙金石志》中记载却今未见的印章被磨的可能性并不高。此外，《武林石刻记》中描述《十三赞》碑石“连额高四尺一寸”、诸“序”“高三尺八寸”，均与现状不符。而王昶《金石萃编》所记则与如今有印章、云纹的7石中，有额的4石相符。

在对《十三赞》石刻的实地考察中，可见诸石一字排开，长短阔狭参差不齐，书风亦不成一面。再进一步，则可见字口深度、点画表现方法多有相异（后文详述）。上述种种之下，唯独前述存有印章、云纹的7石，在书风、形制、印章、镌刻等方面都高度统一。

尽管现存其余石刻的文本并不像“文王”1石，与历代史料记载有出入，但碑身信息与前人所记多有相异之处，且纹饰、印章等细节缺乏统一的规律，作为御制石刻是有违常理的。根据跋文推之，“伏羲”“禹”2石是在1875年以后遗失，且“文王”石被补刻数次的可能性无法完全排除。综上，结合杨一清所言“赞八石”，笔者推断现存《十三赞》中可能只有有云纹、印章的7石为原刻（下一章将对此加以佐证）。而若果真如此，则尚与朱彝尊“有理宗御制序四碑”之说存在出入，受相关资料的限制，此问题有待后续讨论。

三、书风与印鉴

（一）书风问题

《十三赞》可分碑额与碑身两部分，现存2“序”、“记”及“孟子”有篆书“皇帝御制御书”碑额。苏东坡有诗云：“峄山传刻典刑在，千载笔法留阳冰。”（图2）北宋以来，篆书多宗法李斯、李阳冰，南宋时期也受此影响。此篆额虽仅6字，然点画圆劲流转，空间均匀有致，结体自然和谐，是宗法“二李”的上乘之作，惜作者身份无法考定。序、赞正文内容则以楷书书之，但书风不尽一致，其中“曾子”“孟子”“孔子”“舜”及“序”“记”诸石书风较为统一，点画平实停匀，体势平缓端庄，转折处多由细到粗、棱角分明，略近欧阳询《九成宫醴泉铭》。而“尧”“汤”“文王”“周公”“子思”5石，点画丰腴，体势倾斜，微杂有行书笔意，风貌更接近颜、柳，“武王”“颜子”2石，则点画瘦硬、结字紧凑，略显程序化，近似台阁体。如此迥异的三类书风如今并立一室，而两“序”与“记”书写时间相隔11年，又完全一致，显然不合常理。因此，对理宗书法风格的考察，显得尤为重要。

图2　李斯《峄山碑》局部

关于宋理宗的书法，史载不夥，《书史会要》记：

理宗……其书亦从高宗家法中来。[1]

这一点在《宋史》中，亦能得到印证：

清之日教昀为文，又购高宗书俾习焉。清之上谒弥远，即以昀诗文翰墨以示，弥远誉之不容口。[2]

按方爱龙《南宋书法史》所述，南宋诸帝的书法均从宋高宗赵构家法，理宗亦不例外，但据传世书迹考察，理宗书法已从端庄的"家法"中脱胎，并有可能受到当时书名崇高的张即之影响[3]，笔锋外露、神韵萧散（图3—4）。宋理宗一生御题颇多，惜多已不存，马麟《夕阳秋色图》[4]（1254）行书题诗为目前可见的较早作品，为理宗49岁时所书，点画峻拔、骨势刚健，书风凌厉潇洒。此外，《道统五像赞文》[5]、《行到坐看联句》（1256）、《沉寥淡泊联句》（1259）、《潮声山翠联句》（1261）、《小游仙诗》、《寄振上人无碍寺所居》等作品，《西山》《庐峰》等摩崖题刻皆是理宗存世的珍贵书迹。故本章将以上述作品为重要参考，具体分析其与《十三赞》书风之关系。

1. 石刻与墨迹比较

在书风上，理宗的墨迹单字字径较小（3—5厘米不等），且楷书中多有行意。而现存的7石中字径达10厘米，点画之间少有牵丝连带，提按幅度较小，其中许多刻石在点画边缘与末笔处多刻有飞白，反映出一定的书写细节。通过书风的对比，不难发现，在一些细节处理上，二者既有着几乎一致的习惯，也存在一些明显差异。

选取石刻与墨迹相对应的部分进行比较：尽管部分单字写法存在差异，但通过同类型者的对照可见（如"朕"等），除粗细的变化外，无论是在点画的书写方式上，还是结构的处理上，二者的习惯均高度相似。继而对比"燕"的上部、"为"的撇画、"能"的右部、"微""纯"的结字等局部，其通过点画的书写方式以及笔画勾连出的空间关系上，二者具有一致的个人特征。再将比较范围拓展至整体，则可见同一部首在不同字内也具有共

1 〔明〕陶宗仪撰，徐美洁点校《书史会要》卷六，浙江人民美术出版社，2019年，第181页。
2 〔元〕脱脱等《宋史》卷二百四十六，第8736页。
3 方爱龙《南宋书法史》，上海古籍出版社，2008年，第35页。
4 日本根津美术馆藏。
5 台北"故宫博物院"藏，为南薰殿历代帝王图轴中的五篇楷书题赞，后称《道统五像赞文》。

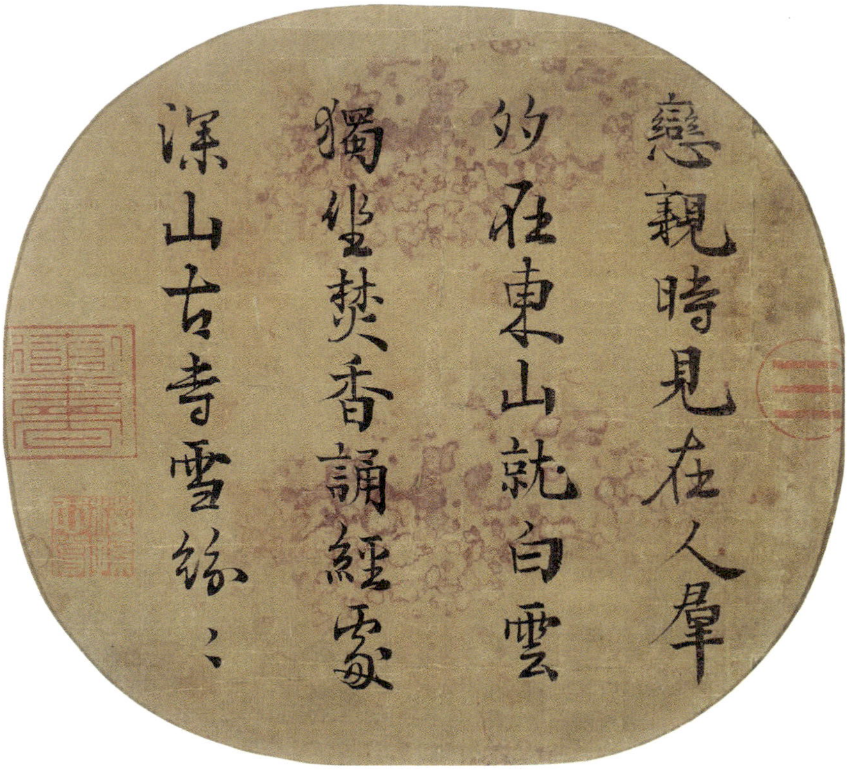

图 3　宋理宗　行楷　皇甫冉七言绝句

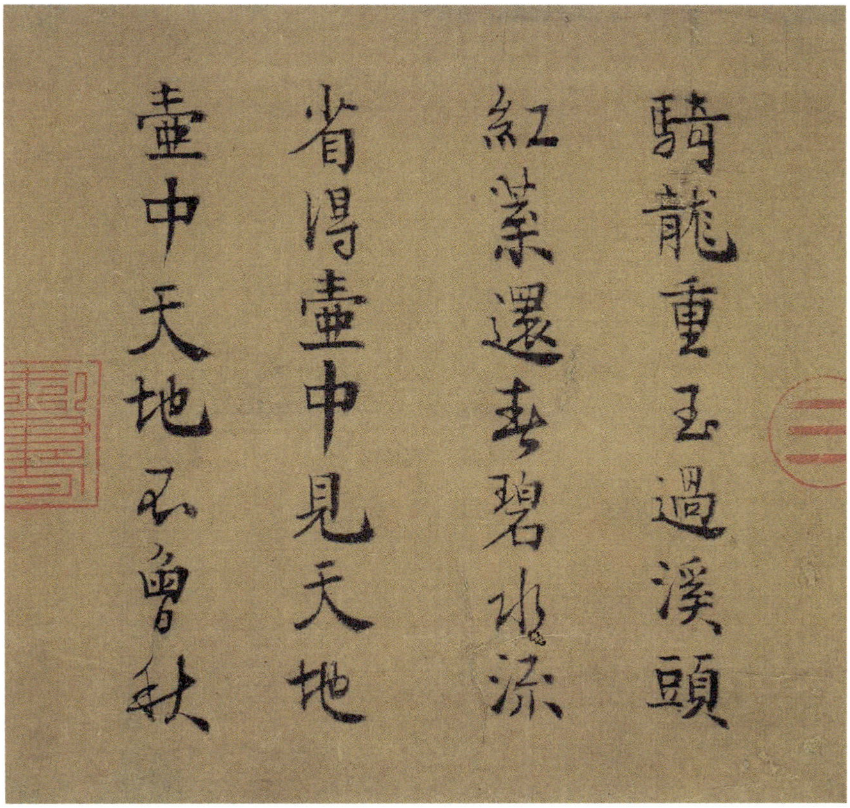

图 4　宋理宗　行楷　七言绝句

性，如“汤”“赐”、“万”“莫”、“头”“领”等。上述种种，无不反映出宋理宗明显的个人书写习惯。这些不同时间所书的作品与相同书写习惯（方式、手法）的高度关联当是理宗书风稳固如一的重要因素（表2-3）。

表2　《十三赞》与《道统五像赞》单字对比

	朕	燕	万	为	能	微	寓、纯	道	赐（汤）
《十三赞》7石								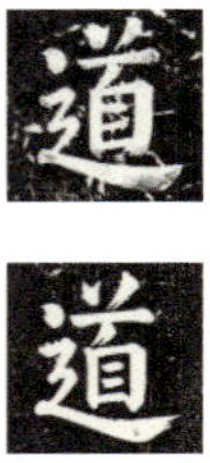	
《道统五像赞》							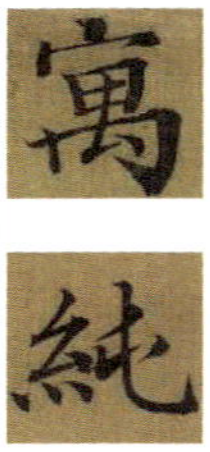		
《十三赞》其他刻石			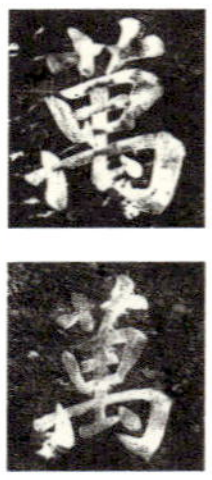						

表3　《十三赞》与其他墨迹字迹比较

	省	领、头	就
《十三赞》			
《皇甫冉诗》《曹唐诗句》			

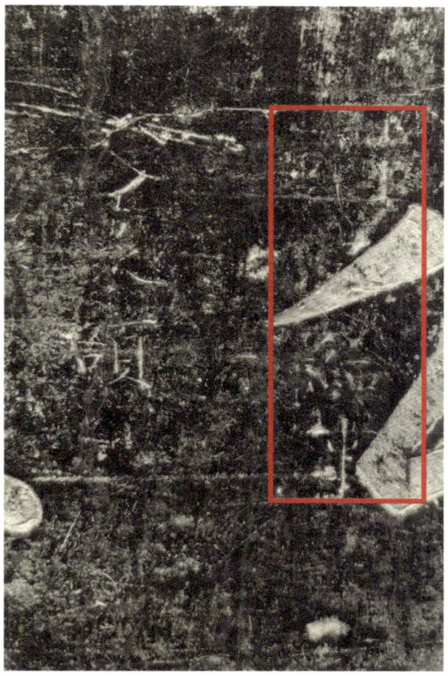

图 5

同样，将另外8石与诸墨迹进行书法上的对比时，笔者发现，“武王”“颜子”2石结字更加紧收而高挑，规律性较强、而艺术性较弱。其中“受”“继”“遐”“迩”“服”“偃”等10余字明显写法不一。从墨迹上看，理宗作书捺笔多缓铺疾收，短促敦厚，而石刻中许多字捺笔则是与之不合的纤长状。如《五像赞》中“贤”“宝”二字最末两笔横、撇相连，撇虚而高，点实而低，几乎为一惯式。而刻石中则撇点匀布，无显著势态，与“颜子”1石极为相近。而“颜子”石中“道”字同样多次出现，比对其点画与结构特点，均与墨迹及其余诸石差异明显，不似一人所书。回看首字“武”，在文中两度出现，点画位置的差别却最大，且其余诸石中“成”“哉”等点画的位置基本偏向右下。如此看来，“武王”“颜子”2石与理宗墨迹及前述7石在书写习惯上存在较大差异。

而剩余5石在刻制方式上与第一类较为接近，表现出了运笔的出锋，书风虽较为统一，但均与前述书风不类，若按理宗同年所书《十三赞》一说，似不成立，再细审原碑，可见“周公”“子思”2石碑面多处留有依稀可见的小楷字迹，可知此碑原为他碑打磨后刻成，虽目前尚未确定这些残留碑文的出处，但就“杭州府儒学”“篆额”“敕巡”“赐进”等内容分析，当与《十三赞》无关，如此“赐国子监，宣示诸生”的御制御书碑刻竟以未打磨完工的旧石刊刻，显然有违常理（图5）。

2. 石刻与摩崖比较

现存刻于福建建阳的理宗御题摩崖石刻《庐峰》《西山》摩崖石刻，上款为“乙卯（连珠印）赐蔡抗”，下款为“宝祐丙辰十月朔，太中大夫参知政事臣蔡抗刻石”，并刻“理宗皇帝御书”，显然，刻石书写的时间为乙卯（1255）宝祐三年。此刻书风与《十三赞》7石无论是在细节上，还是在整体气息上，均完全一致。再次反映了理宗书风的稳固性，也进一步印证了前文对于《十三赞》的书写时间问题的推想。

综上可知，在理宗为数不多的纪年作品（墨迹）中，书写时间跨度最久达7年，其间除了在个别字法、点画上有所不同外，其书风无明显改变，也就是说，尽管受到个人经历、书写环境、材料、用途、字体、内容、尺幅等诸多因素的影响，理宗的书风保持着一贯的面目，甚至我们可以从其不同书体作品的对比中，感受到书写的相关性特征（图6）。

此外，这14石的尺寸（前文提及），文献记载也莫衷一是。而经实地测量，现存孔庙的刻石尺寸也不尽相同，其中“序一”“序二”“记”3石尺寸基本一致。

“孟子”有相同于诸“序”的碑额，尺寸略小于前3石。“孔子”宽度等同于前，但高度相差近40厘米，正好为篆额的高度，应是缺失原额所致。其他诸碑在尺寸上皆有不一。这与“御书御制”颇有不合。

“西山”（1255）

“庐峰”（1255）

不同时期书迹选字（1230—1261）

图6　理宗摩崖与部分书迹对比

（二）印鉴问题

印鉴作为书画作品中的重要组成部分，对于考订作品年代、鉴别作品真伪、了解作品信息，有着不可替代的作用。关于《十三赞》刻石中的印章，除前文提及的《金石萃编》以外，阮元《两浙金石志》亦有详载：

> （伏羲、尧、舜、禹、汤、武王、周公、孔子、颜子、曾子、子思、孟子）以上十二石后皆有“庚寅”小印、“御书”大印。朕获承……是石后有“庚寅”小印、“御书”大印。迹道统……是石后有“庚寅”小印、“御书”大印。绍定三年……是石“宣示诸生”下有“辛丑”小印、“御书之宝”大印。[1]

1　〔清〕阮元《两浙金石志》，第277页。

这里言明，除“序”2石及“记”上盖有“辛丑”小印、“御书之宝”大印外，其余14石（文王未见）均有“庚寅”小印、“御书”大印。而现存于孔庙的《十三赞》的14石中（补刻《文王》未计），只有“序”2石及“记”“舜”“孔子”“孟子”共6石上存有印迹，与《两浙金石志》相符，其余8石均未有印迹，且书风与前6石迥异。前文提及，从实物来看，印章被磨的可能性极小，因此，这也是笔者对8石存疑的重要原因。

御制碑刻有着极其严格的形制与用印要求，从现存的《十三赞》碑石上看，有印章的序文前2石与“孔子”“孟子”“舜”诸石中，“庚寅”“御书”2印连用的方式与钤印位置均高度相似，经仔细比较，在不同赞文上的同文印章皆为一印所盖。也就是说，这 6 件盖有相同印章的作品皆为庚寅所书。在理宗的书法作品中，也可以看出这样的用印方式，如《潮声团扇》（图7），作于辛酉，即景定二年（1261），左上钤“辛酉”葫芦印，右下钤“御书之宝”印；再如《行到团扇》作于丙辰即宝祐四年（1256），上钤“丙辰”葫芦印，下钤“御书之宝”印。而用印方式亦多为干支纪年印与御书印合盖，这也与第二章提出的“辛丑补书”之说相呼应，增加了相隔11年补书而书风犹为一体的合理度（表4）。

图 7　宋理宗　潮声团扇

表4　御书印与纪年印

“御书”			“庚寅”（1230，绍定三年）连珠印	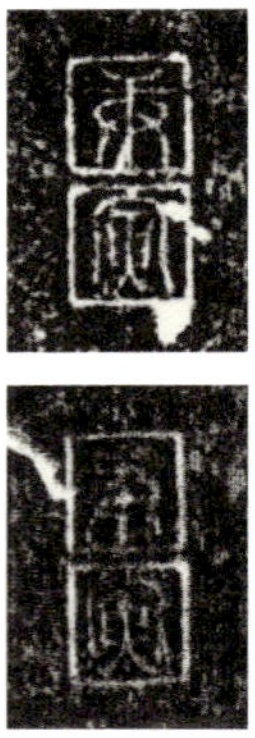
“御书之宝”	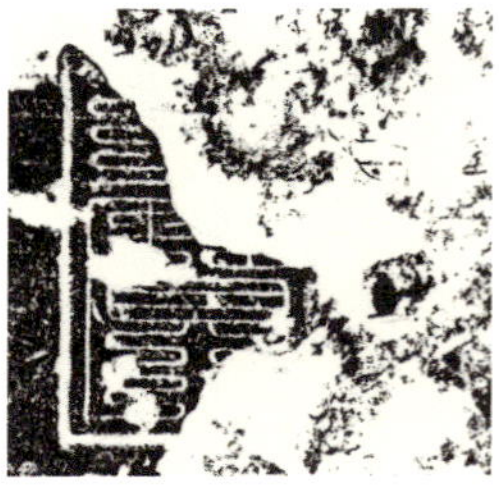	“辛丑”（1241，淳祐元年）连珠印		
		“乙卯”（1255，宝祐三年）连珠印		
“御书之宝”		“丙辰”（1256，宝祐四年）葫芦印		
		“己未”（1259，开庆元年）葫芦印		
		“辛酉”（1261，景定二年）葫芦印		
其他理宗墨迹中的“御书之宝”				

图 8

综上，笔者通过比较理宗传世书迹与《十三赞》刻石的书风及刊刻、用印方式，得出如下结论：

“序”2石、“记”“舜”“孔子”“曾子”“孟子”等7石的刊刻方式相同，形制相同，尺寸相近，且在书风上用笔方式、字法习惯、结字特征以及内在关系等方面均与理宗传世的其他书迹高度一致。再结合前文所述的文献记载与用印方式等问题的结论，推断此7石当为宋刻原石。

“武王”“颜子”2石的刻制较前述7石明显粗率，且碑石大小、形制也与之相异，书写水平较理宗其他书迹风格差距较大，疑为后刻。

“尧”“汤”“文王”“周公”“子思”5石的刊刻方式与前7石相近，但整体深度较前7石略浅，且笔画线条内部多处留有线刻刀痕（图8），与前7石形制、大小有明显区别。此外，在书风上，亦与其他理宗书迹差异显著，根据目前所掌握的图像、文献资料，无法证明该5石为理宗御书原石，疑为后代补刻。

结 语

现存杭州孔庙碑林的《宋理宗御书圣贤赞》石刻，是理学在南宋确立主导地位的重要标志，具备多方面的研究价值。本文通过对石刻基本信息梳理、历代流传过程中相关内容的考述，并结合宋理宗书风与用印等问题，综合推断出现存《十三赞》刻石中7石为原刻，而其余部分并非原刻的可能性，在提出新问题的同时，也推进了以往学界对于该石刻的研究与认识。旨在为进一步的深入研究提供有益参考。史料的问题向来是各种研究的重要门槛，在试图解读《十三赞》这一史料相关问题的同时，本文同样也受制于文献与史学的知识壁垒，而留下有待商榷的观点，以期日后不断完善。

附录

1.《咸淳临安志》中《十三赞》赞文：

朕获承祖宗右文之绪，祗遹燕谋，奉慈极，万几余闲，博求载籍，推迹道统之传。自伏羲迄于孟子，凡达而在上其道行，穷而在下其教明，采其大指，各为之赞，虽未能探赜精微，姑以寓尊其所闻之意云尔。

伏牺

继天立极，为百王先。法度肇建，道德纯全。八卦成文，三坟不传，无言而化，至治自然。

尧

大哉帝尧，盛德巍巍。垂衣而治，光被华夷。圣神文武，四岳是咨。揖逊之典，万世仰之。

舜

于皇圣德，至孝尽伦。所以为大，乐善取人。惟精惟一，帝心之纯。垂拱无为，尧道是循。

禹

克勤于邦，烝民乃粒。历数在躬，厥中允执。恶酒好言，九功由立，不伐不矜，振古莫及。

汤

顺天应人，本乎仁义。以质继忠，匪曰求异。盘铭一德，桑林六事。人纪肇修，垂千万世。

文王

道被南国，首正人伦。仁政一施，必先穷民。翼翼小心，秉兹德纯。丕显文谟，万邦仪刑。

武王

受天眷命，继志前人。遐迩悦服，偃武修文。惟贤是宝，法度彰明。建用皇极，爰叙彝伦。

周公

美哉公旦，翼辅成周。施兼四事，才艺俱优。制礼作乐，惠泽敷流。有大勋劳，宗社延休。

孔子

圣哉尼父，秉德在躬。应聘列国，道大莫容。六艺既作，文教聿崇。今古日月，万代所宗。

颜子

学冠孔门，德行科首。闻一知十，若虚实有。乐道箪瓢，不易所守。步趋圣师，瞠若其后。

曾子

守约博施，反躬三省。孝为德先，禄仕不忍。圣道正传，意会神领。一唯忠恕，门人深警。

子思

闲居请问，世业克昌。可离非道，孜孜力行。发挥中庸，体用有常。入德枢要，治道权衡。

孟子

生禀淑质，教被三迁。博通儒术，气养浩然。深造自得，亚圣之贤。高揖孔氏，独得其传。

（绍定三年［1230］，圣制。淳祐元年［1241］祇谒先圣，就赐国子监，宣示诸生。）

2.《道统五像赞》

《道统五像赞》之伏羲

《道统五像赞》之尧

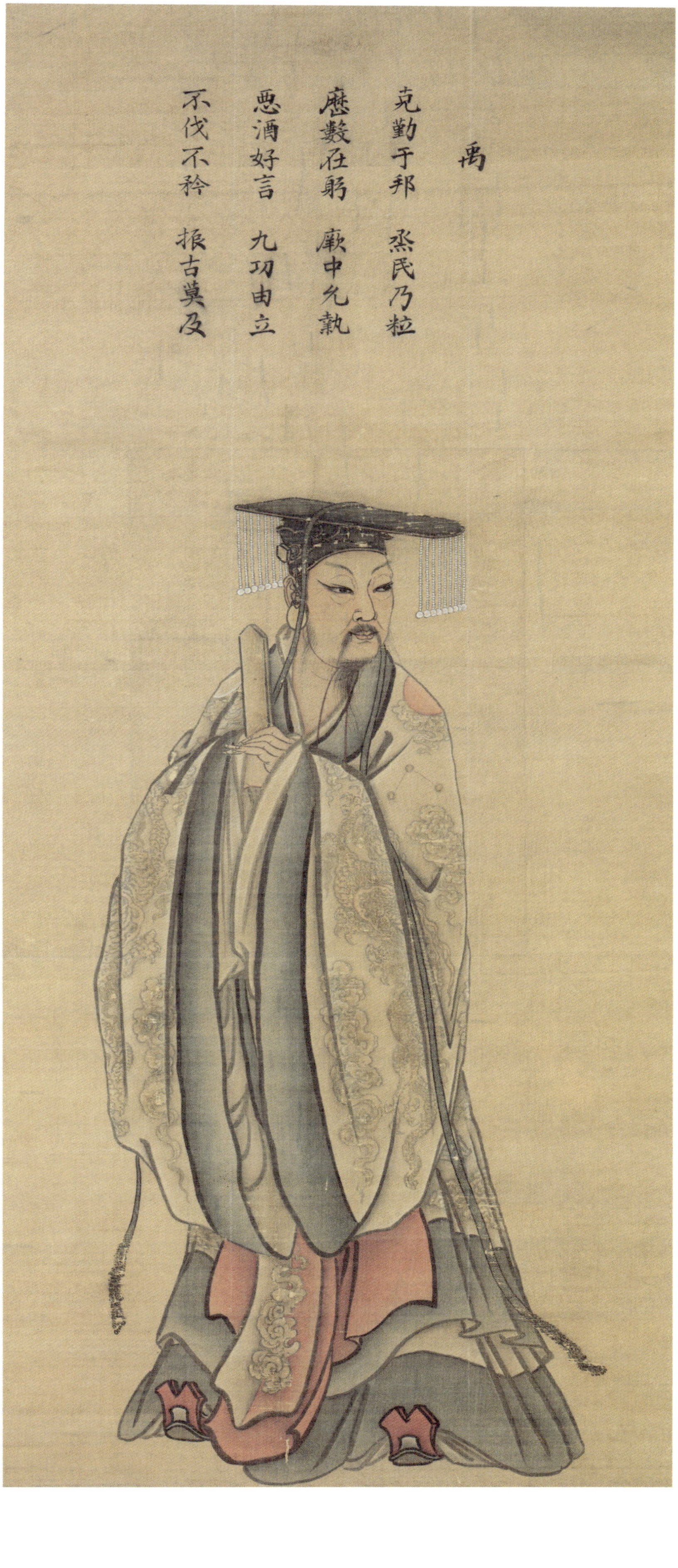
禹
克勤于邦 烝民乃粒
歷數在躬 厥中允執
惡酒好言 九功由立
不伐不矜 振古莫及

《道统五像赞》之禹

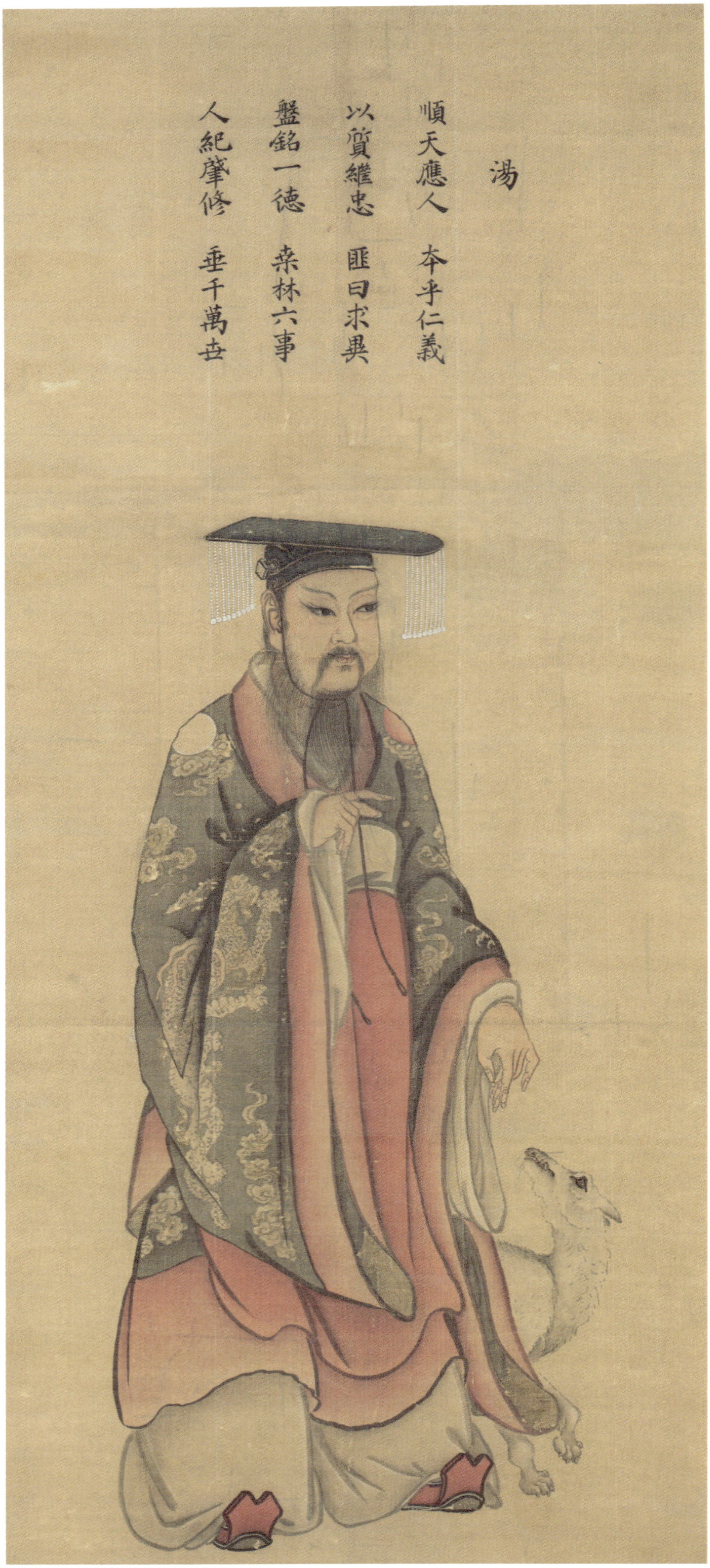
湯
順天應人 本乎仁義
以質繼忠 匪曰求異
盤銘一德 桑林六事
人紀肇修 垂千萬卋

《道统五像赞》之汤

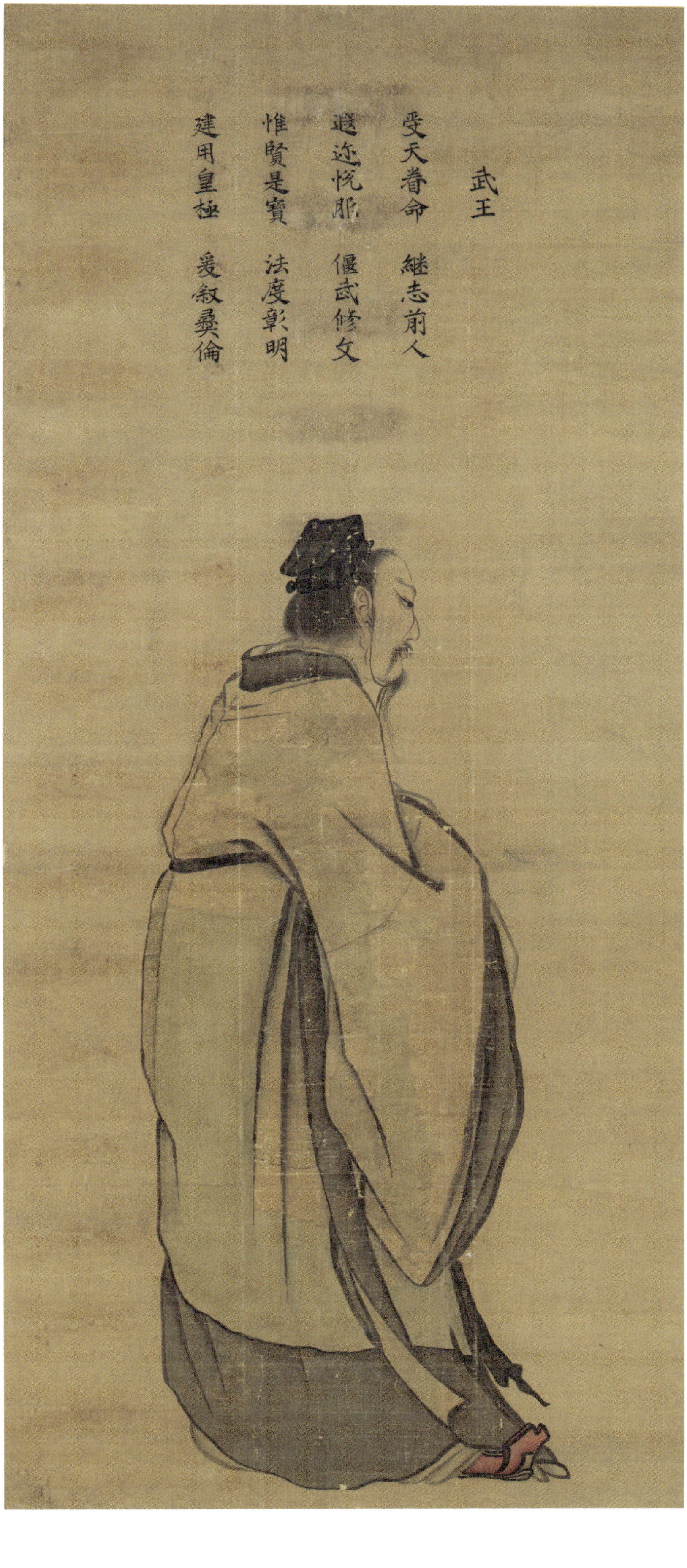
武王
受天眷命 繼志前人
遐迩悅服 偃武修文
惟賢是寶 法度彰明
建用皇極 爰叙彝倫

《道统五像赞》之武王

天地玄黄　宇宙洪荒
日月盈昃　辰宿列张
寒来暑往　秋收冬藏
闰余成岁　律吕调阳
云腾致雨　露结为霜
金生丽水　玉出昆冈

宋高宗御书《千字文》

《千字文》为我国蒙学经典读物，全文以儒学理论为纲，穿插诸多常识，四字一句，对偶押韵，具有较强的可读性，很适合儿童诵读，与《三字经》《百家姓》合称为“三百千”。清袁枚《随园诗话》中有打油诗句“牧童八九纵横坐，‘天地玄黄’喊一年”，生动反映了《千字文》在儿童传统启蒙教育中的深远影响。

《千字文》原名《次韵王羲之书千字》，是南朝周兴嗣（469—537）奉梁武帝萧衍（464—549）之命所撰韵文。据《太平广记》记载，萧衍为教育皇室诸子书法，令文学侍从殷铁石从王羲之书迹碑刻中拓下一千个不同的字，以供皇子学习。但由于每字一纸，字字独立，不便记忆，于是特召散骑侍郎周兴嗣，要求他用这千字缀连成篇。周兴嗣不负所望，仅用一晚便编缀成一篇既有内涵又朗朗上口的韵文。萧衍读来拍案叫绝，立即遣人刻印，作为诸皇子的习诵文本。后刊布民间，流传神州，惠泽后世。

《千字文》虽仅有千字，但经周兴嗣高超的文学编排，所形成的语义内容涉及天文、地理、历史、读书、农艺、园林、饮食、起居、修身多个方面。所集“书圣”王羲之千字，对于书家更是意义非凡，历代著名书法家，几乎都有不同书体的《千字文》传世，隋唐时期如智永真草书、欧阳询行书、颜真卿楷书、怀素草书等。

至宋代，“尚意”书风盛行，在追慕前朝法度的同时，注重个人意趣的表达。《千字文》所集千字结体形态各异，更是各家临摹创作、展示个人风格的重要素材。据《宣和书谱》记载，宋徽宗赵佶内府收藏各代名家《千字文》多达49本之多，赵佶本人就有瘦金体、狂草体等多件作品传世，其第九子宋高宗赵构也流传有行书体《千字文》，此本后入清乾隆内府，辑刻入《三希堂法帖》。杭州孔庙碑林收藏有清刻宋高宗书《千字文》石碑一组，今在御碑廊中展示，读者可近距离欣赏御书面目，以窥宋风遗韵。

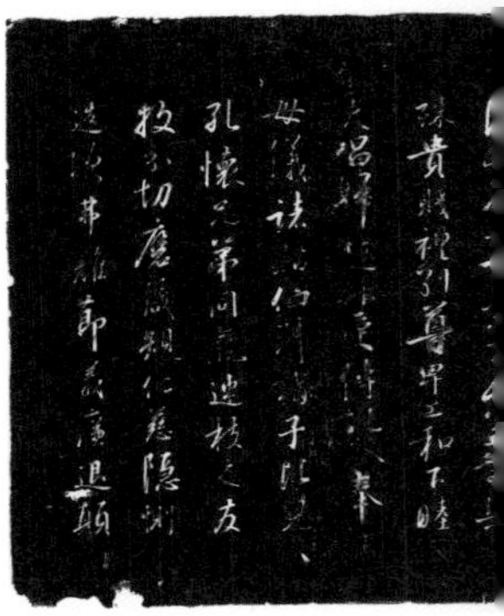

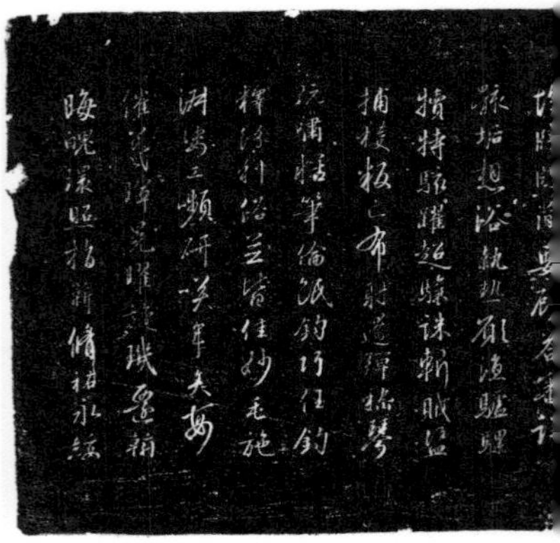

宋高宗御书《千字文》

此组石刻为法帖碑刻，共计6石。碑文前为楷书“宋高宗书”1行引首，字径约1.2厘米。正文为行书《千字文》标题及全文，全文共计103行，999字，字径约2厘米，其中第一行“地”“黄”之间缺1字。

正文之后为落款，共计3行，19字，内容为“绍兴二十三年岁次癸酉二月初十日御书院书”。并刻有“雪轩”“真濇”两枚印章。后碑面风化，剥落明显，并有裂痕数道。碑面左端刻有楷书题跋，内容不全，共计3行，前两行现存20字，字径约1厘米，内容为“厄于水阁邢氏……哉。庚寅秋，余从吴山陶氏购归是石”。后一行为题跋落款，计17字，字径略小，内容为“道光癸巳夏四月，颍山瞿世瑛识于清吟阁”。此碑在1981年前已迁藏于杭州孔庙碑林，现陈列于碑林御碑廊。

此行书《千字文》是绍兴二十三年（1153）宋高宗赵构（1107—1187）于御书院所书。御书院即翰林御书院，是宋代掌管皇帝所作诗文与墨迹，并供奉笔札图籍的官署。北宋初太宗朝沿唐制设立，元丰五年（1082）新制称翰林书艺局，南宋高宗朝建炎三年（1129）废置，后于绍兴十六年（1146）十一月复置。赵构酷爱书法，曾在《翰墨志》中自言“顷自束发，即喜揽笔作字，虽屡易典型，而心所嗜者固有在矣。凡五十年间，非大利害相妨，未始一日舍笔墨，故晚年得趣，横斜平直，随意所适”。由此可见，赵构五十年不辍笔墨，所留御书数量可观，其所作御书应多存于御书院。

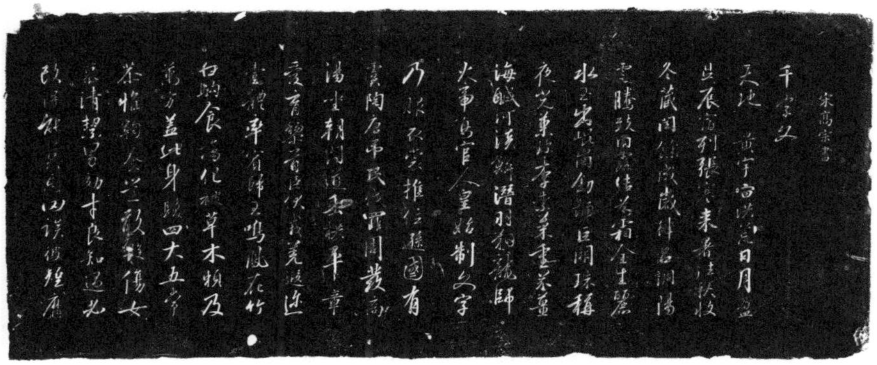

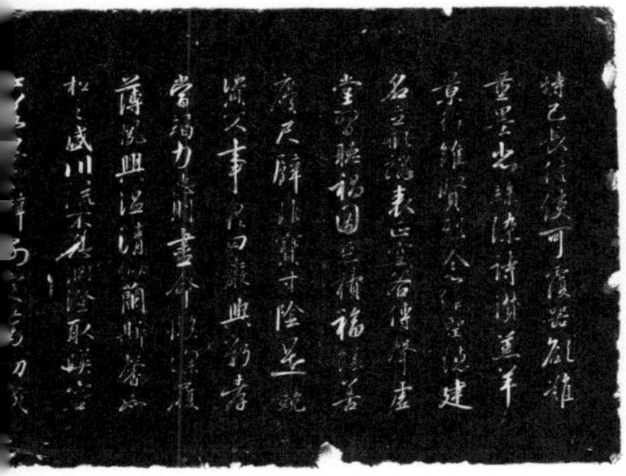

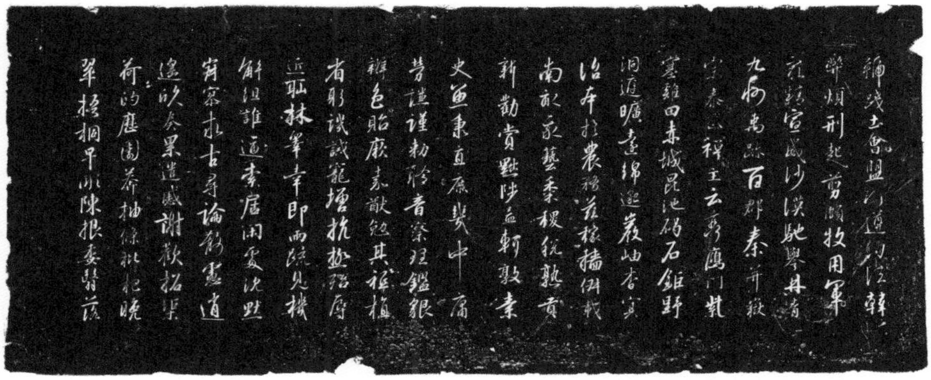

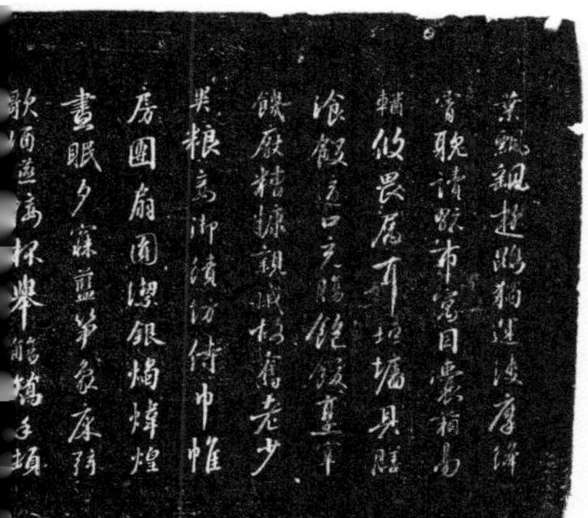

石刻底本墨迹现藏于台北“故宫博物院”，曾入藏清乾隆、嘉庆、宣统内府，著录于《石渠宝笈·初编》卷十一。观其墨迹及石刻，此书在结字与章法上多取法于《怀仁集王圣教序》，许多字形直接规模此帖，运笔精熟流利，虽字字独立，但行气流畅，用笔轻盈，点画简洁，疏朗闲雅，堪称“晋韵”与“宋意”兼备之佳作。

底本墨迹后被摹刻入梁诗正等人所编刻的《三希堂法帖》中。杭州孔庙碑林收藏的此组帖碑前有帖名，后有鉴藏印两方，其形制与《三希堂法帖》中所刻拓的《宋高宗书〈千字文〉》帖别无二致。与墨迹本对比，在点画及章法上还原度极高。可见，此组帖碑或是翻刻于清中期乾隆内府所辑刻的《三希堂法帖》拓本，且镌刻质量精良，具有重要的历史、艺术价值。

瞿世瑛（生卒年不详），字良玉，号颖山，钱塘（今浙江杭州）人。晚清藏书家，筑有藏书楼“清吟阁”，藏书数千册，多为手抄的罕见古本，编著有《清吟阁书目》四卷。咸丰十年（1860）藏书楼毁于战火，藏书多散佚，所剩藏书后归杭州丁氏“八千卷楼”。由题跋落款可知，此宋高宗书《千字文》碑板由瞿世瑛于清道光十年（1830，庚寅年）从吴山陶氏收购而来，三年后（道光十三年，1833，癸巳年）在最后1石上补刻题跋“厄于水阁邢氏……哉，庚寅秋，余从吴山陶氏购归是石，道光癸己夏四月，颖山瞿世瑛识于清吟阁”。说明碑刻流转及购藏情况，对研究江南藏书史及刻帖文化具有重要价值。

水玉出崑岡劍號巨闕珠稱
夜光果珍李柰菜重芥薑
海鹹河淡鱗潛羽翔龍師
火帝鳥官人皇始制文字
乃服衣裳推位遜國有
虞陶唐弔民伐罪周發商

宋高宗書

千字文

天地玄黄宇宙洪荒日月盈

昃辰宿列張寒来暑往秋收

冬藏閏餘成歳律吕調陽

雲騰致雨露結為霜金生麗

慕貞絜男效才良知過必
改得能莫忘罔談彼短靡
恃己長信使可覆器欲難
量墨悲絲染詩讚羔羊
景行維賢克念作聖德建
名立形端表正空谷傳聲虛

湯坐朝問道垂拱平章
愛育黎首臣伏戎羌遐迩
壹體率賓歸王鳴鳳在竹
白駒食場化被草木賴及
萬方蓋此身髮四大五常
恭惟鞠養豈敢毀傷女

止若思言辭安定篤初誠
美慎終宜令榮業所基籍
甚無竟學優登仕攝職
從政存以甘棠去而益詠樂
殊貴賤禮別尊卑上和下睦
夫唱婦隨外受傅訓入奉

堂習聽禍因惡積福緣善
慶尺璧非寶寸陰是競
資父事君曰嚴與敬孝
當竭力忠則盡命臨深履
薄夙興溫凊似蘭斯馨如
松之盛川流不息淵澄取暎

堅持雅操好爵自縻都邑
華夏東西二京背邙面
洛浮渭據涇宮殿盤鬱
樓觀飛驚圖寫禽獸畫
綵仙靈丙舍傍啓甲帳對
楹肆筵設席鼓瑟吹笙升

母儀諸姑伯叔猶子比兒
孔懷兄弟同氣連枝交友
投分切磨箴規仁慈隱惻
造次弗離節義廉退顛
沛匪虧性靜情逸心動神
疲守真志滿逐物意移

車駕肥輕策功茂實勒碑刻
銘磻溪伊尹佐時阿衡奄
宅曲阜微旦孰營齊公輔合
濟弱扶傾綺迴漢惠說感
武丁俊乂密勿多士寔寧晉
楚更霸趙魏困橫假途滅

階納陛弁轉疑星右通廣
內左達承明既集墳典亦
聚群英杜稿鍾隸漆書
壁經府羅將相路俠槐卿
戶封八縣家給千兵高冠
陪輦驅轂振纓世祿侈富

洞庭曠遠綿邈巖岫杳冥
治本於農務茲稼穡俶載
南畝我藝黍稷稅熟貢
新勸賞黜陟孟軻敦素
史魚秉直庶幾中庸
勞謙謹勑聆音察理鑑貌

虢踐土會盟何遵約法韓
弊煩刑起翦頗牧用軍
最精宣威沙漠馳譽丹青
九州禹跡百郡秦并嶽
宗泰岱禪主云亭鴈門紫
塞雞田赤城昆池碣石鉅野

荷的歷園莽抽條枇杷晚
翠梧桐早凋陳根委翳落
葉飄颻遊鯤獨運凌摩絳
霄耽讀翫市寓目囊箱易
輶攸畏屬耳垣牆具膳
飡飯適口充腸飽飫烹宰

辨色貽厥嘉猷勉其祗植
省躬譏誡寵增抗極殆辱
近恥林皋幸即兩疏見機
解組誰逼索居閑處沉默
寂寥求古尋論散慮逍
遙欣奏累遣慼謝歡招渠

祀烝嘗稽顙再拜悚懼恐
惶牋牒簡要顧答審詳
骸垢想浴執熱願涼驢騾
犢特駭躍超驤誅斬賊盜
捕獲叛亡布射遼丸嵇琴
阮嘯恬筆倫紙鈞巧任釣

飢厭糟糠親戚故舊老少
異糧妾御績紡侍巾帷
房紈扇圓潔銀燭煒煌
晝眠夕寐藍筍象床弦
歌酒讌接杯舉觴矯手頓
足悅豫且康嫡後嗣續祭

孤陋寡聞愚蒙等誚謂

語助者焉哉乎也

紹興二十三年歲次癸

酉二月初十日御書院

書

釋紛利俗並皆佳妙毛施
淑姿工顰妍笑年矢每
催曦暉朗曜璇璣懸斡
晦魄環照指薪脩祜永綏
吉劭矩步引領俯仰廊
廟束帶矜莊徘徊瞻眺

……危於水閘邢氏

歲庚寅秋余從吳山陶氏[illegible]中[illegible]是石

道光癸巳夏四月潁山瞿世瑛識於清吟閣

图书在版编目（ＣＩＰ）数据

杭州孔庙碑林藏南宋御书石刻精选 / 金霄航主编
. -- 杭州 : 浙江古籍出版社, 2024.9
ISBN 978-7-5540-2993-0

Ⅰ. ①杭… Ⅱ. ①金… Ⅲ. ①石刻－汇编－杭州－南宋 Ⅳ. ①K877.4

中国国家版本馆CIP数据核字（2024）第109798号

杭州孔庙碑林藏南宋御书石刻精选

金霄航　主编

出版发行　浙江古籍出版社
地　　址　杭州市环城北路177号 / 电话：0571-85068292
网　　址　https://zjgj.zjcbcm.com
责任编辑　姚　露
责任校对　吴颖胤
责任印制　楼浩凯
设　　计　杭州书奕文化艺术策划有限公司
制　　版　浙江大千时代文化传媒有限公司
印　　刷　浙江海虹彩色印务有限公司
开　　本　889mm×1194mm　1/16
印　　张　12.5
字　　数　260千字
版　　次　2024年9月第1版
印　　次　2024年9月第1次印刷
书　　号　ISBN 978-7-5540-2993-0
定　　价　228.00元